AF389476

MÉMOIRES DE VERDOLIN D'AIGUILLON

René BONNAT

Archiviste Départemental de Lot-et-Garonne
Correspondant du Ministère de l'Instruction Publique

MÉMOIRES

DE

PIERRE VERDOLIN

D'AIGUILLON

Procureur Syndic du District de Tonneins-la-Montagne

AGEN

IMPRIMERIE MODERNE (Association ouvrière)

43, rue Voltaire, 43

1907

INTRODUCTION

A qui voudrait esquisser l'histoire de la Révolution en
Agenais les documents authentiques s'offrent nombreux,
variés et captivants. On ne saurait en dire autant des *Mémoires* ou *Souvenirs* des contemporains. Cette source de renseignements, si abondante en maints endroits, ne donne en
Lot-et-Garonne qu'un mince filet d'eau. Faut-il s'en étonner ?
Nos ancêtres n'étaient pas toujours sages, mais les circonstances les avaient fait prudents et beaucoup de ceux qui auraient
pu nous renseigner devaient penser, sans le savoir, comme
l'auteur de cet aphorisme célèbre : *J'ai souvent regretté de
parler, jamais de me taire*. Voilà pourquoi, peut-être, aucun
des nombreux historiographes de notre région qui vécurent les
heures agitées et trop souvent tragiques de 1792 et de 1793,
n'a voulu conter ses impressions personnelles et nous faire pénétrer avec lui dans les coulisses de l'histoire révolutionnaire.

A lire les travaux du plus notable d'entre eux, Boudon de
Saint-Amans, il semble que les événements politiques locaux,
auxquels il fut intimement mêlé, lui soient plus étrangers que
les sculptures d'un antique chapiteau ou la statue mutilée de
quelque divinité païenne. Ce n'est point qu'il feigne de les
ignorer, mais il ne serait point fâché d'effacer jusqu'à leur souvenir, et comme la tâche est au dessus de ses forces, il décide
au moins de ne pas « souiller son œuvre du récit des forfaits
qui caractérisent ces temps malheureux et qui provoqueront
toujours la honte et la douleur dans les âmes sensibles » (1).

---

(1) *Histoire ancienne et moderne du département de Lot-et-Garonne*, t. II,
p. 214.

Notre vieil annaliste, le bon curé Labrunie était de celles-là. Il loue Dieu de tout, même de la Révolution, mais il n'a point « le courage d'écrire ce qu'elle nous a fait souffrir en maux de toute espèce » (1). Moins scrupuleux, son ex-confrère le conventionnel Paganel a mis au jour trois volumes sur elle, mais il a négligé d'y faire place au joli coin de terre qui fut le témoin de ses serments religieux ou sans-culottes, le berceau de sa vie politique et le théâtre de son « apostasie » (2).

Quant aux *Annales* de Proché (3), qui abondent en renseignements intéressants, c'est une œuvre d'érudition. Composées non pas au jour le jour, comme le dit Magen (4), mais plutôt, semble-t-il, à l'aide de vieux souvenirs contrôlés par les documents que l'auteur avait sous la main, elles sont écrites sous une forme impersonnelle. Elles valent donc plus et moins que de véritables mémoires (5).

Cette lacune dans les sources de notre histoire révolutionnaire, les souvenirs de Verdolin, que nous publions aujourd'hui, viennent en partie la combler. C'est un jeune instituteur, à l'esprit très ouvert, à la plume féconde, M. Ernest Lafont, qui les signala, le premier, à l'attention du public dans les colonnes d'un journal local : *L'Echo du Lot-et-Garonne* (1).

---

(1) *Abrégé chronologique des Antiquités d'Agen.* — Agen, 1892, gr. in-8°. p. 197. Edition O. Fallières.

(2) *Essai Historique et Critique sur la Révolution française.* — Paris, 3 vol. in-8°, dont il existe plusieurs éditions.

(3) *Annales de la ville d'Agen*, édit. Ad. Magen. Agen, Michel et Médan, 1884, gr. in-8°.

(4) Idem, p. 1.

(5) D'autres historiographes de l'Agenais qui vécurent pendant la Révolution ont négligé de nous en faire le récit. Dans le nombre figurent Lafont du Cujula et Claude Lamouroux.

M. le docteur Couyba a publié en 1904 dans la *Revue de l'Agenais*, pp. 440-51 et 553-62, l'*Odysse d'un curé agenais pendant la Revolution*. Il s'agit de Jacques Boissié, curé de Ferrussac, né en 1757, qui rétracta son serment d'adhésion à la constitution civile du clergé, fut obligé de quitter le territoire de la République, se retira à Saragosse et redevint curé de Ferrussac lors du Concordat de 1802. (Durengues, *Le Diocèse de Lot-et-Garonne*. Agen, Imprimerie Moderne, 1903, gr. in-8°, p. 278, n. 2). Le mémoire qu'il nous a laissé contien uniquement la narration de son voyage et de son séjour en Espagne. Il a pour titre : *Mon itinéraire partant de France et les Aventures et les Evènements d'iceluy.*

(6) Numéros du 24 mai et du 7 juin 1903. M. Lafont, actuellement instituteur à Saint-Pastour, donne un excellent résumé des *Mémoires*.

L'original appartient à M. Castagnos, capitaine au 14ᵉ d'artillerie, à Bordeaux, qui le tenait par héritage du petit-fils de Verdolin et le mit à la disposition du *Paysan du Sud-Ouest*, au moment même où nous décidions d'en commencer la publication (1). Le *Paysan*, qui avait formé le même projet, a bien voulu nous céder le pas. Nous sommes heureux de l'en remercier (2).

Aussi bien, ces *Mémoires*, s'ils sont susceptibles d'intéresser la clientèle d'un journal, solliciteront bien davantage l'attention des érudits agenais et des historiens de l'époque révolutionnaire, quand nous aurons présenté Verdolin et tracé en quelques pages l'histoire agitée de sa vie.

Il naquit vers le milieu du xviiiᵉ siècle à Aiguillon, où son père exerçait l'office de notaire royal (3). Il étudia ce qu'il falllait de droit pour hériter de la charge paternelle à Bordeaux, où il se lia avec deux de ses compatriotes, Sembauzel et Diché, qui plus tard, aux heures critiques, n'osèrent plus se souvenir de leur ancienne camaraderie.

De retour à Aiguillon et devenu tabellion à l'âge de 24 ans, il fit des amusements et du jeu sa grande occupation et commit nombre de péchés de jeunesse. Entre temps, pour se distraire et donner libre cours à son tempérament quelque peu frondeur, il fit — le mot est moderne, mais la chose est bien vieille — de la politique d'opposition aux Nebout, aux Merle de Massonneau, aux Léaumont de Ricubet, dont les comptes consulaires accusaient de sérieux déficits. D'autres (4) furent l'âme de cette petite guerre qui dura longtemps; en

---

(1) D'après une copie très exacte mise par M. Lafont à la disposition du Comité départemental d'études sur l'histoire économique de la Révolution française.

(2) M. Castagnos a bien voulu nous communiquer l'original des *Mémoires*. Qu'il nous permette de lui renouveler ici nos meilleurs remerciements.

(3) Bertrand Verdolin. Sa mère, également aiguillonnaise, s'appelait Jeanne Gauduque. Il épousa, le 29 novembre 1780, Jeanne Colombe Miraben, dont il sera question au cours des *Mémoires* et dont il eut plusieurs enfants : deux filles et un fils, en 1781, 1782 et 1784. Son fils, François, né le 18 décembre 1784 eut à son tour un enfant, en 1809, Pierre-Léon, qui mourut en 1889 sans héritiers naturels. (Greffe du Tribunal civil d'Agen.)

(4) Principalement Louis Mautor, avocat au Parlement.

leurs mains, Verdolin ne fut d'abord qu'un instrument. En lutte contre les consuls, il crut bon de bouder au duc d'Aiguillon et de se bouder à soi-même, en s'interdisant les fêtes splendides données par l'ancien ministre de Louis XV dans le château luxueux que venait d'édifier le talent d'un Leroy.

Les années s'écoulent monotones. La question des comptes de la communauté préoccupe de plus en plus le notaire aiguillonnais. Au début, il critique la gestion financière des consuls par manière de passe-temps ; puis, il se pique au jeu et fait sienne la querelle de ses amis au point de poursuivre de son ressentiment les Merle et les Nebout jusqu'au Parlement de Bordeaux.

Survient, avec l'année 1789, la convocation des Etats-Généraux. Il a la réputation d'un homme d'affaires et passe pour partisan des idées nouvelles. Le tiers-état d'Aiguillon l'envoie au chef-lieu de la sénéchaussée pour participer à l'élection des députés de cet ordre. A la confection des cahiers, aux débats parfois agités dont retentissent les voûtes des Jacobins d'Agen, il ne prend pas une part active. Il se sent plus à l'aise au milieu de ses minutes notariales et des pièces de son procès contre les consuls.

Mais, à Aiguillon comme dans tout le pays, les événements se précipitent avec une rapidité qui surprend. C'est d'abord la formation d'un comité permanent qu'il dirige et contre lequel Nebout s'insurge, les armes à la main. C'est la création de deux sociétés populaires rivales : celle des Carmes, où se trouvent ses adversaires, et celle de Peyrelongue dont il est constamment le secrétaire, l'orateur ou le président ; c'est l'élection de la nouvelle municipalité où son rôle paraît suspect. Ce sont alors les promesses, les attaques et les cabales inséparables de la politique, les assemblées électorales qui finissent par assurer le triomphe des patriotes. Verdolin, plus que jamais l'homme d'un parti, est élu d'abord suppléant du juge de paix, puis, le 6 novembre 1791, procureur de la commune.

Il exerce ces deux mandats avec un zèle et une assiduité au travail que ne contestent aucun de ses ennemis, pas même ceux qui lui prêtent trop généreusement un caractère vindicatif et un esprit brouillon. Les difficultés ne manquent pas. C'est d'abord l'inondation qui, en 1791, ravage la plaine magnifique d'Aiguillon et détruit une partie des vieux murs de ville (1). Plus désastreux encore, c'est le flot montant du jacobinisme qu'il veut endiguer et dont il n'est que le jouet. C'est l'application d'une des lois révolutionnaires qui accusent le mieux le heurt violent de l'ancien contre le nouveau régime : la constitution civile du clergé. On lira avec intérêt les curieux détails qu'il en donne. L'antipathie existait profonde entre les assermentés et les non-conformistes qui avaient gardé la faveur de la masse des catholiques aiguillonnais. Entre les deux clergés Verdolin essaie de louvoyer et, dans son for intérieur, se refuse à prendre parti. Il se tire en gascon de ce mauvais pas et met sur leur garde, en cachette, les ecclésiastiques insermentés qu'il est chargé de surprendre dans l'exercice clandestin de leur culte.

Le jeu était dangereux. Verdolin y gagne cependant un peu de tranquillité de conscience. Son état d'esprit ne s'est pas modifié, mais devenu procureur de la commune, il voit les choses avec d'autres yeux qu'au temps de son opposition aux consuls. Il est toujours patriote ; il apprécie toujours avec la même sévérité l'acte des émigrés qui prennent les armes contre leur pays et opposent l'armée des Princes à la Nation. Mais il n'est pas de ceux qui précipitent la Révolution vers la Montagne. Il est cependant leur élu, le 18 novembre 1792, comme procureur syndic du district de Tonneins.

Dans sa charge nouvelle, l'ancien procureur de la commune d'Aiguillon ne tarde pas à devenir, avec ses collègues du directoire, la cible vivante à laquelle les jacobins du crû vont décocher flèches sur flèches. Considéré comme l'un des chefs du parti avancé dans sa ville natale, il est suspect de modérantisme trois lieues plus loin. C'est qu'à Tonneins règne sans conteste, au gré de sa fantaisie despotique, un homme qu'on dit l'ami des Chaumette, des Hébert et des Robespierre, Jouan le jeune, qui prendra bientôt le nom de Marat pour honorer

---

(1) Notre phototypie reproduit une partie de ces murs, du côté de la ville.

la mémoire de l'*Ami du Peuple*. Soldat, instituteur, secrétaire du ci-devant marquis de Flamarens, plus tard maire, procureur de la commune, procureur général de la Fédération des sans-culottes de Lot-et-Garonne, il a su grouper tout un parti qui lui obéit au doigt et à l'œil. Il a pour principaux lieutenants un moine catholique devenu pasteur protestant, Dubois ; un sans-culotte besogneux, Henry Arthaud ; d'autres encore, qu'il berce de son éloquence emphatique, pleine de réminiscences historiques et bibliques.

Deux ennemis existaient pour lui : le curé, qu'il fût assermenté ou non-conformiste ; le fédéraliste et l'aristocrate qu'il confondait dans une même abhorration. En 1793, on le vit monter à la tribune de la Société populaire de Tonneins pour soutenir la proposition d'un citoyen de Rabastens tendant à la vente des prêtres « comme de toute autre bête de somme. » « Feuillants et Girondins, disait-il encore, sont termes germains d'aristocrates ». Il aurait voulu, en conséquence, que « les maisons de ces monstres, que la Convention venait de vomir de son sein, fussent rasées ; que leurs écrits fussent brûlés ; que leurs noms infâmes ne passassent à la postérité que comme ceux des Nérons, des Commodes et des Héliogabales ; qu'ils fussent rayés de tous les registres publics et que leurs têtes tombassent sous le fer de la guillottine ». L'esprit de Jouan était fertile en propositions de ce genre.

Ses ennemis les moins timorés esquissaient bien un geste de protestation, mais ils étaient inféodés, suivant son expression dédaigneuse, « à la clique du district » et contre eux était constamment dirigé le répertoire d'injures qu'on a coutume d'adresser à des adversaires politiques. Ils étaient d'ailleurs peu nombreux, composés presque uniquement du directoire, d'une grande partie du tribunal du district et de quelques membres du conseil général de la commune, momentanément affranchis de la tutelle de Jouan. A leur tête les circonstances placèrent Verdolin.

Entre ces deux partis politiques, modérés et montagnards, la lutte dura longtemps, tantôt sourde, tantôt franche et déclarée, entremêlée de serments de réconciliation provoqués par Jouan les jours de fêtes publiques, serments oubliés aussitôt que prêtés et dont personne n'était dupe, pas même le Conseil du département qui, de loin, contemplait les adversaires avec la crainte d'être obligé de prendre parti.

Elle avait pour principal théâtre la Société populaire, où Jouan le jeune jouait tous les rôles, orateur, secrétaire, président, chanteur patriote, et dont certaines séances n'étaient qu'un long monologue débité par l'acteur favori. Elle se poursuivait encore au conseil général de la commune, acquis presque tout entier à l'instituteur sans-culotte ; dans la rue, dont il était le maître, parce que, mieux que tout autre, il savait éloquemment flatter les passions populaires ; au directoire du district, où membres et secrétaire se tenaient sur une défensive prudente ; au seuil même du tribunal, où elle finit par ébranler le siège de l'ancien constituant Brunet-Latuque.

Verdolin prit au combat une part très active. Mais à lire les délibérations de la Société populaire et les procès-verbaux du district (1), il ne paraît pas y avoir apporté l'esprit de décision et l'énergie dont il se targue dans ses *Mémoires*.

C'eût été, d'ailleurs, peine inutile. Quoiqu'il fit, le procureur syndic devait disparaître, et disparut en effet avec ses amis, emporté par le grand courant révolutionnaire que la plupart des Lot-et-Garonnais regardaient se précipiter avec un étonnement mêlé de craintes. Dès qu'il se sentit entraîné, il fit appel de nouveau au Conseil du département, qui s'empressa de faire la sourde oreille (2). Aussi bien, cette administration ne pouvait le secourir ; son influence et son courage allaient chaque jour diminuant. On était, d'ailleurs, en pleine période terroriste et sous le règne, en Lot-et-Garonne, des représentants du peuple en mission Baudot, Ysabeau, Paganel, d'au-

---

(1) Conservés aux archives départementales.

(2) Le Conseil prit souvent parti pour le district, mais avec des réserves et des hésitations dont ne manquèrent pas de profiter les amis de Jouan. Des arrestations avaient été faites par la municipalité de Tonneins. Verdolin s'en plaignit. Le procureur général syndic lui donna raison, mais lui écrivit, le 9 août 1793, que les citoyens injustement incarcérés... avaient la voie de l'appel aux tribunaux.

tres encore, dont nous pouvons dire justement qu'on les estime beaucoup quand on les compare, mais peu quand on les considère. Jouan le jeune obtint d'eux la destitution, puis l'arrestation de Verdolin, suspect de fédéralisme. Incarcéré à Nérac, où il resta longtemps, puis à Tonneins, l'ancien procureur syndic connut les tristesses de la détention en commun, dans un local étroit et malsain, sous la surveillance de sans-culottes brutaux. Une maladie grave le terrassa, mais sa constitution robuste en eut vite raison. A peine guéri, la mort, sous une autre forme, vint encore le guetter : deux de ses co-détenus, Bartouil-Taillac et Dupré-Pommarède, étaient allés porter leur tête sur l'échafaud dressé par le « sanguinocrate » Lacombe sur une des places publiques de Bordeaux, et l'hostilité d'adversaires que rien n'avait pu désarmer lui faisait craindre un sort semblable.

Le chapitre des *Mémoires* où Verdolin conte avec émotion ses angoisses, ses souffrances et les scènes écœurantes dont il fut le témoin dans sa prison est d'autant plus curieux que nous n'avons guère conservé de documents sur le régime pénitentiaire pendant la Révolution. On s'intéressera aux détails qu'il donne sur la vie tourmentée de ses co-détenus de Nérac et de Tonneins et aux alarmes de son admirable compagne qui court de ville en ville et multiplie les démarches pour obtenir des représentants du peuple sa mise en liberté définitive.

Le 9 termidor fit pousser un soupir de soulagement au Lot-et-Garonne tout entier. Ceux-là même qui avaient essayé d'appliquer le régime terroriste en Agenais ne furent naturellement pas les derniers à se féliciter de la chute de Robespierre. Les orateurs des clubs populaires — et Jouan le Jeune, dit Marat, fut de ceux-là, — ne détaillèrent plus les qualités brillantes de l'Incorruptible, mais les vices hideux de l'Anthropophage. La fin de la Terreur eut comme conséquence de modifier subitement les sentiments des conventionnels en mission à l'égard de Verdolin, convaincu par eux, quelques jours avant, d'un crime d'opinion. Les fonctionnaires publics eurent le courage de ne plus faire la sourde oreille à ses sollicitations et les portes de la prison de Tonneins s'ouvrirent toutes grandes devant lui. Il reprit ainsi contact avec un monde qu'il avait cru quitter.

Installé de nouveau à Aiguillon, il y coulait des jours heureux que nul orage n'aurait dû traverser, lorsque la Constitution de l'an III vint substituer aux districts les administrations cantonales. Le Département fit en sorte qu'Aiguillon devint canton et Verdolin, commissaire du directoire exécutif (13 brumaire an IV). Ce fut le signal d'une nouvelle lutte, moins violente, mais tout aussi passionnée. L'ancien procureur-syndic retrouva devant lui quelques-uns de ses adversaires de Tonneins, aiguillonnais d'origine, qui avaient été, au dire de Jouan-le-Jeune, les artisans de ses malheurs. Entre tous, les Nugues se distinguèrent par leur acharnement. Verdolin, dont le caractère naturellement inquiet s'était aigri considérablement, refusa de poursuivre « avec ces éternels ennemis de l'ordre et de la justice » « une lutte qui aurait pu devenir dangereuse pour les uns ou pour les autres ». Le 4 nivôse an VI, il démissionna.

Il obtint plus tard d'être réintégré dans la charge de notaire qu'il avait abandonné en 1792, lors de son élection comme procureur-syndic du district de Tonneins. Avait-il oublié les principes et les règles du notariat ? Fut-il en butte sans motif à l'hostilité des agents de l'enregistrement ? Fut-il victime, une fois encore, des cabales ourdies par ses adversaires et plus particulièrement par son collègue Bernard Nugues ? On ne sait. Toujours est-il qu'il fut amené à démissionner volontairement en 1809. L'heure de la retraite définitive avait sonné pour lui.

M. Pieyre, préfet de Lot-et-Garonne (1), lui avait bien offert les fonctions de conseiller de la commune d'Aiguillon, mais il ne les avait acceptées que pour son fils (2), qui ne parut guère lui en savoir gré et avec lequel il eut jusqu'au bord de la tombe des discussions d'argent.

Retiré de la vie politique, chargé d'ans et d'infirmités, il utilisa les dernières lueurs de son intelligence à conter « à sa

---

(1) 1ʳʳ préfet du département de 1800 à 1806.
(2) François Verdolin, né le 18 décembre 1784.

famille et à ses descendants les principaux traits de sa vie publique et privée. Puissent-il voir, ajoute-t-il, les dangers qu'il y a dans une Révolution pour un homme qui ne connaît que l'honneur et la probité et qui, cependant, a le malheur de se laisser entrainer dans le chaos et le tourbillon révolutionnaire. » Cet avertissement, résultat d'un sérieux examen de conscience, est daté du 25 août 1828. C'est le testament politique de Verdolin qui mourut l'année suivante, le 19 juillet, à l'âge de 83 ans.

Tels sont « les principaux traits » de son histoire. Malgré certaines prétentions littéraires qui font sourire, il les décrit dans un style lourd, souvent filandreux, qui rend parfois fatigante la lecture des *Mémoires*. Mais si la forme du récit ne saurait nous captiver, le fond n'en est pas moins curieux. Il mérite, d'ailleurs, qu'on lui fasse le plus large crédit. L'ancien procureur syndic de Tonneins était bien renseigné : tous les événements dont il parle, il les a vécus, il en a parfois souffert. Dans la série des incidents plutôt douloureux qui ont marqué sa longue existence, il a fait un choix et raconté uniquement ceux dont il a gardé un souvenir exact. A dire vrai, il est brouillé avec les dates, — on en trouvera guère au cours des *Mémoires*, — mais c'est un défaut commun à bien des mémoralistes, et pour nous qui pouvons facilement combler cette lacune, le récit ne perd rien de sa précision. Il est véridique : un souffle de sincérité anime son œuvre tout entière. D'ailleurs, pour affirmer sa véracité, nous avons mieux qu'une impression. Les documents officiels, — délibérations de la municipalité d'Aiguillon, de la Société populaire de Tonneins, correspondance du Département et du District, procès-verbaux de ces deux administrations — permettent de le suivre pour ainsi dire pas à pas. A les compléter les uns par les autres, à les comparer avec les *Mémoires*, comme nous l'avons fait dans une annotation (1) peut-être trop abondante, on acquiert vite la preuve de l'exactitude de ces derniers.

---

(1) Pour annoter l'œuvre de Verdolin nous avons eu recours à de nombreux travaux de première main. Nous devons faire ici une mention spéciale à la

Quant au jugement que porte Verdolin sur la Révolution
et sur les hommes de son temps, on en retiendra ce qu'on
voudra. Il faut cependant se souvenir qu'après avoir été
patriote et républicain, il a lentement évolué à partir de 1793 ;
qu'en 1828 il ne cache point ses opinions royalistes et qu'enfin
il écrivait à une époque où le dénigrement de la période révolutionnaire était érigé en système dans une série de relations
contemporaines, apocryphes ou non.

Quoiqu'il en soit, le lecteur qui feuilletera ces *Mémoires* sur
la Révolution en Lot-et-Garonne n'oubliera pas qu'il sont à peu
près les seuls dont notre histoire locale puisse tirer profit.
Dans la narration si simple de Verdolin il retrouvera, d'ailleurs, affaibli par le temps et par l'espace, l'écho de la grande
tempête de 1793, comme on perçoit encore dans le modeste
coquillage abandonné par les flots le bruit adouci de la mer
qui gronde au loin.

René Bonnat.

---

vaste compilation de documents que M. Alis a publié sous le titre d'*Histoire
de la ville d'Aiguillon et de ses environs depuis l'époque gallo-romaine jusqu'à
nos jours*. Agen, Ferrand, 1866, gr. in-8° de 564 pp.

Pour rendre la compréhension du texte plus facile, nous avons divisé en
cinq chapitres le récit de Verdolin, écrit tout d'une haleine et presque sans
alinéas. Ces chapitres seront précédés d'une courte analyse.

PLAN DE LA VILLE ET DU CHATEAU
D'AIGUILLON

A LA FIN DU XVIIIme SIÈCLE

MÉMOIRES DE PIERRE VERDOLIN, D'AIGUILLON

Procureur Syndic du District de Tonneins

CHAPITRE Ier

AIGUILLON AVANT 1789

Verdolin, notaire, se lie avec Mautor, avocat. — La politique locale et la vie d'une importante communauté agenaise. — Le duc d'Aiguillon ; les fêtes du château. — Mautor et Verdolin entrent en lutte contre les consuls, dont les comptes accusent un déficit. — Duplicité de Mautor. — Affaire Duburgua-Verdolin.

Je fus pourvu de l'office de notaire à la résidence d'Aiguillon (1) à l'âge de vingt-quatre ans (2). Mon père (3), n'ayant pas de maison en ville, me mit en pension chez Nugues père, huissier. Il avait trois enfans dont le plus jeune en service ;

---

(1) Aiguillon était l'une des plus importantes communautés de l'Agenais à la fin du xviiie siècle. La présence du duc d'Aiguillon, les fêtes du beau château construit par Leroy, le personnel domestique extrêmement nombreux donnaient à la ville, coquette et riante, une animation qu'elle a perdue depuis longtemps. Située sur un sol très fertile, au centre du département, elle communiquait facilement avec les autres localités du Lot-et-Garonne par cinq grandes routes. La Garonne la mettait en relations avec Toulouse et Bordeaux ; le Lot, avec le Quercy et le Périgord ; la Baïse, avec Nérac et Condom. Sa population était d'environ 2,000 âmes. En l'an III, une statistique, dont nous ne saurions garantir l'exactitude, lui donne, avec ses faubourgs, 3,258 habitants. Au début de la Révolution, la garde nationale de la ville était forte de 700 hommes. Les revenus de la commune s'élevaient à 16,000 livres. A peu de distance de la ville, le Lot faisait moudre deux beaux moulins. Un nombre assez considérable d'auberges offraient aux étrangers toutes les commodités de la vie. (Voir Archives départementales, série L., un exposé des citoyens actifs d'Aiguillon du 16 octobre 1791, qui paraît être l'œuvre de l'architecte Leroy.) Le 6 septembre 1791, l'assemblée électorale du département, séduite par tous ces avantages, décida que la session de 1791 du Conseil du département se tiendrait dans cette ville. Mais le 12 du même mois, la Constituante supprima les *alternats* et fixa d'une manière définitive les administrations dans les lieux où se trouvaient les directoires. Ce fut un malheur pour Aiguillon dont les habitants protestèrent avec énergie, mais en vain.

l'ainé, commis chez Belloc, à Clairac ; et le second, notaire comme moi (1), restait dans la maison. Le père était joueur, aimant la bonne chère. L'ainé venait souvent à Aiguillon. J'étais par eux sans cesse entraîné au jeu et aux parties de plaisir. D'après cela, mon état m'occupait fort peu. La société de cette famille fut la mienne ; elle était composée en majeure partie de Dulau (2), boucher, Cuve, marchand, Lacroix père

La phototypie ci-jointe, reproduction d'un dessin très original conservé aux Archives de Lot-et-Garonne, (série E, supplément 818*), donnera une idée de l'étendue de la ville à la fin du XVIII° siècle. Au fond, les *carterés*, que traverse aujourd'hui le chemin de fer ; au milieu, le château ; à gauche, le couvent des Filles de la Croix ; à droite, l'église. Au premier plan, fortement endommagées, les murailles et les murs de ville. A la mairie, se trouvent une perspective semblable, prise de l'autre côté d'Aiguillon, et toute une série de cartes et plans extrêmement intéressants. (Arch. dép., E, suppl¹ 851 à 860.) On ne retrouve rien de pareil pour les autres localités du département. Notre excellent collègue de la Société académique d'Agen M. Serret possède également ment quelques documents curieux sur Aiguillon.

(2 de la page précédente) *Les statuts et règlements des notaires de l'arrondissement d'Agen* (Lenthéric, 1883) indiquent que les minutes notariales de Pierre Verdolin sont conservées dans l'étude de M° Grimard, maire et conseiller général. Elles vont du 19 mai 1775 au 2 décembre 1785, et du 19 janvier 1789 au 26 novembre 1792, époque de son élection comme procureur syndic du district de Tonneins; puis, du 13 nivôse an XIII au 10 septembre 1809, (ensemble 1,144 actes). Or, dans ses *Mémoires*, Verdolin nous fournit quelques indications qui ne concordent guère avec cet état. Il dit avoir exercé sa charge jusqu'en 1789 et l'avoir reprise après sa démission de commissaire national près l'administration cantonale d'Aiguillon, en l'an VI.

En même temps que Verdolin, exerçaient la charge de notaire dans cette ville : Carmentran (13 avril 1766-18 août 1795) et Bernard Nugues, que nous retrouverons plus loin. (*Statuts et règlements*, pp. 145 et 148.) Les renseignements fournis par cet ouvrage doivent être vérifiés. C'est ainsi que le contrôle des actes de notaires conservé aux Archives départementales (série C) ne mentionne nullement Carmentran comme notaire à Aiguillon aux époques indiquées. En revanche, il y est question de Bézin, Duluc, Villette. Il prouve, en même temps, que Verdolin fait erreur quand il dit, à la fin de ses *Mémoires*, qu'il abandonna le notariat en 1789. En janvier 1791, on faisait encore enregistrer ses actes au Contrôle et M° Grimard possède ses minutes jusqu'en 1792. De l'ensemble des documents vérifiés, il résulte que Verdolin exerça sans interruption du 19 mai 1775 au 26 novembre 1792.

(3 de la page précédente) On trouve un Bertrand Verdolin, notaire à Aiguillon, du 2 janvier 1755 au 3 mai 1768. C'est le père de l'auteur des *Mémoires*.

(1) Il s'agit de Bernard Nugues, tabellion rival et adversaire politique de Verdolin, qui ne le ménage guère au cours de ses *Mémoires*. Bernard Nugues fut notaire du 19 mai 1777 au 12 avril 1821. Son frère Jean, commis chez Belloc à Clairac, s'établit ensuite à Aiguillon. Il prit à ferme les moulins du duc, qui venait d'émigrer. (Bonnat : *Inventaire de la série L*, p. 143 a.)

(2) Le 16 septembre 1777 fut baptisé un enfant de ce Dulau ; le duc d'Aiguillon fut parrain ; marraine, Eugénie de Boisgelin. (Alis, *op. cit.*, p. 326.)

marchand, Duburgua, chirurgien (1), Coq père et ses deux enfans (2), Bernard Dallet, aubergiste, Vigneau (3), Lassarrade, Lagarde, bateliers, Nebout jeune, Saint-Clair, bourgeois, Villesauvès, etc…, tous joueurs et adonnés aux plaisirs. Je m'étais, pour ainsi dire, isolé des honnêtes gens, malgré les honnêtetés que j'en avais reçues.

A cette époque, Mautor (4), avocat, par suite d'un procès qu'il avait suscité et fait susciter à la famille Boudon de Lacombe (5) pour fait de noblesse, vivait méprisé, craint et

---

(1) Les Duburgua appartenaient à l'une des plus anciennes familles aiguillonnaises. Elle comptait parmi ses membres des notaires, consuls, procureurs, soldats, etc… Le chirurgien Duburgua, qui touchait 100 livres par an « comme accoucheur des femmes pauvres », est le père de :

1° Guillaume-Charles Duburgua (1765-1835), conseiller de préfecture à Agen, membre de la Société académique, auteur d'un *Mémoire* et d'un *Manuel* sur la culture du tabac. (Voir Andrieu, *Bibliographie régionale de l'Agenais*, article Duburgua.)

2° Justin, chimiste distingué (1777-1803), pharmacien en chef de l'expédition de Saint-Domingue. (Voir Saint-Amans, Andrieu, *op. cit.*, et R. Bonnat : *Justin Duburgua, d'Aiguillon*, dans la *Revue de l'Agenais*, 1905, pp. 81 à 91.)

(2) Négociants d'Aiguillon : Etienne Coq, que nous allons bientôt retrouver, Fulgence et Jean Coq.

(3) Bernard Dallet, Villesauvès et Charles Vigneau figurent au nombre des membres d'une assemblée (30 août 1789), chargés d'approuver les statuts élaborés par le Comité permanent d'Aiguillon. (Alis, *op. cit.*, p. 395.)

(4) Louis Mautor, avocat, appartenait à une vieille famille du pays. On trouve des Mautor consuls, prêtres et avocats. (Voir Alis, *op. cit.* passim.) Louis fut juge à Nérac, après avoir été élu, le 15 octobre 1790, par 36 voix sur 41 votants, 4° suppléant au tribunal du district de Tonneins (Arch. dép. Série L.) Il mourut à Aiguillon. Son acte de décès est du 27 mars 1809. (Série M. Tables décennales.)

(5) Les Boudon de Lacombe étaient établis depuis longtemps à Aiguillon. En 1787, on trouve deux Boudon de Lacombe « anciens capitaines d'infanterie ». (Alis, *op. cit.*, p. 340.)

Deux des Boudon étaient ecclésiastiques à l'époque de la Révolution :

1° Guillaume-Louis, né à Aiguillon en 1714, chapelain de N.-D. de Montpezat en 1739, vicaire d'Aiguillon en 1740 jusqu'en 1748 ; curé de Puymirol et archiprêtre de Ferrussac. Il participa à l'élection des députés du clergé aux Etats Généraux, prêta le serment à la Constitution civile, puis se rétracta. Détenu au couvent de Paulin, à Agen, en 1792, puis mis en liberté, il mourut à la fin de la Révolution. (Durengues, *L'Eglise d'Agen pendant la Révolution*, p. 378. Notes de M. l'abbé Dubos.)

2° Guillaume-André, né à Aiguillon en 1766, prêtre le 18 mai 1790. Vicaire à Puymirol, il subit la déportation. Rentré en France quelque temps avant la réorganisation des cultes, il se fixa à Aiguillon. En 1803, il fut nommé recteur de Fauguerolles, où il mourut en 1839. (Archives de l'Evêché. Notes de M. l'abbé Dubos.)

détesté des gens honnêtes de la ville. Cependant il était admis chez Nebout ainé, où se rendait la bonne société (1). Il prit sans doute quelque plaisir à être avec moi ; j'en avais moi-même d'être avec lui, parce que je le trouvais amusant et plus instruit que moi. Nous nous liames tellement que toujours et sans cesse on nous voyait ensemble et que même il m'admettait à quelques parties de plaisir qu'il donnait à Marie de Lajeunesse, à Dorothée Baptiste et à l'épouse d'Anduran jeune. Presque toutes nos conversations journalières roulaient sur la critique des uns et des autres. Bientôt je connus les scandales dont les familles étaient entachées. Il pérorait surtout sur la mauvaise administration des consuls lors existans : Merle, médecin (2), son beau-frère, Nebout ainé (3), Leaumont de Rieubet (4) et Muret, chirurgien, qu'il me désignait comme des voleurs et des dilapidateurs des deniers publics et communaux, et, par dessus tous, Merle, son beau-frère, comme un impertinent et un glorieux, depuis surtout qu'il s'était annobli en affermant à vie une charge de secrétaire du Roi (5).

Je me laissai d'autant plus facilement séduire que je voyais en effet que, d'un côté, les biens communaux, qui à cette

---

(1) On trouve des Nebout consuls dès 1550, à Aiguillon. Des membres de cette famille exercèrent à maintes reprises les fonctions consulaires, notamment en 1724, 1729, 1730, 1737, 1750 et 1762.

Verdolin veut parler ici d'Antoine-Calixte Nebout de Viau, 1er consul d'Aiguillon de 1773 à 1790. Les Nebout recevaient chez eux la bonne société. Le témoignage de Verdolin est confirmé sur ce point par Jean-Joseph Nebout, né le 12 janvier 1777, qui écrivit en 1818 un *Mémoire*, dont nous aurons l'occasion de parler.

(2) Il s'agit de Simon-Pierre Merle de Massonneau, maire d'Aiguillon de 1773 à 1790. Il était assisté de son beau-frère Calixte Nebout de Viau, 1er consul, et de Léaumont de Rieubet.

(3) Voir plus haut, note 1.

(4) 2e consul de 1773 à 1790.

(5) La famille Merle de Massonneau était également représentée par un Merle, secrétaire du roi, garde des sceaux près la Cour des Aides de Montauban.

Jean-Antoine Merle de Massonneau, né le 11 avril 1776 à Aiguillon, reçut des lettres d'annoblissement données au château de Saint-Cloud, le 7 septembre 1826, par le roi Charles X et enregistrées par la Cour d'Agen le 21 novembre de la même année. (Arch. dép. Fonds de Raymond, 42.)

époque étaient affermés 16 ou 17,000 francs (1), ne suffisaient pas aux dépenses locales, — qui ne me paraissaient pas conséquentes, puisque presque chaque année les municipaux sollicitaient et obtenaient de l'Intendant de nouvelles impositions, tantôt pour les réparations des églises, tantôt pour la réparation ou construction de chemins, — et que, de l'autre côté, Merle, médecin, paraissait gonflé de gloire et de vanité, jusques là qu'il faisait sauter avec sa canne les chapeaux de ceux qui ne se découvraient pas en lui parlant.

Cependant, le duc d'Aiguillon, exilé, vint dans le pays (2) ;

---

(1) Cette question des revenus communaux, qui sera le pivot de la politique à Aiguillon, ne sera solutionnée qu'en novembre 1791 par le directoire du département. Les renseignements fournis par Verdolin sont exacts. (Voir Archives dép., E suppl*. *Archives d'Aiguillon*, passim ; Alis, *op. cit.*, pp. 327 et 328.)

En 1785-86, les recettes de la communauté s'élevaient à 20.362 l. et les dépenses à 20.365. En 1786-1788, les premières se chiffraient à 19.228 et les secondes à 20.361 livres. En 1788, 19.236 l. contre 19.260.

Sur cette affaire des comptes consulaires, qui préoccupe si fort Verdolin et ses amis et qui sera l'arme dont se serviront les mécontents pour attaquer l'administration municipale, il est bon de citer le *Mémoire* dont nous parlions plus haut (p. 16, note 1) et dont, malheureusement, nous ne connaissons que le début.

« Je fis toutes mes classes, écrit en 1848 Jean-Joseph Nebout, jusqu'à la rhétorique inclusivement, chez M. Labadie, maître de latin à Aiguillon... A l'âge de 18 ans, on m'envoya à Bordeaux pour faire ma philosophie au collège de Guyenne. C'était en l'année 1788-1789. Déjà, depuis un an, la France était bouleversée par des partis contraires à la royauté. Les cours étant finis, je partis de Bordeaux avec mon frère, pour revenir chez nos parens, le 14 juillet 1789, jour de la prise de la Bastille et le premier de la Révolution. A notre arrivée dans notre ville natale, nous trouvâmes nos parens en butte à une fraction turbulente, composée de quelques brouillons *à la tête desquels étaient ouvertement affichés les sieurs Coq, Nugues et Verdolin et clandestinement dirigée par le sieur Louis Mautor, avocat au Parlement*. Ils étayaient leurs prétentions sur le droit qu'ils avaient, disaient-ils, de faire rendre compte aux administrateurs d'alors des revenus de la commune. Ceux-ci étaient au nombre de trois... Par jugement de l'administration départementale, leurs demandes exorbitantes furent réduites à presque rien. Cette affaire n'a pas eu d'autres suites. Mais la diversité des opinions politiques, jointe à ces divisions intestines, firent à cette époque de la ville d'Aiguillon une véritable Babylone. Cette malheureuse affaire s'apaisa, mais laissa dans la ville des germes de haine jusque dans le sein des familles. Les diverses opinions religieuses vinrent encore accroître cet état de malaise général, tellement que tous les liens de la société furent rompus, même entre parens. » (Alis, *op. cit.*, pp. 393-4.)

(2) Il s'agit d'Emmanuel-Armand de Vignerod Duplessis-Richelieu, avant-dernier duc d'Aiguillon, né en 1720, mort en 1788, gouverneur de Bretagne, où

il mena avec lui une foule de musiciens et de domestiques (1);
ceux-ci furent bientôt introduits dans la maison de Nugues où
j'étais encore. Je me liai avec quelques-uns, notamment avec le
maître d'hôtel, les valets de chambre, les chefs de cuisine,
etc.... Les jeux et les plaisirs nous réunissaient souvent.

Le duc d'Aiguillon fit des honnêtetés à tout ce qui était
honnête et bourgeois. Je n'étais pas oublié dans les invitations
qu'il faisait pour les comédies (2). Mais, d'un côté, trouvant

---

il fut l'adversaire de La Chalotais, ministre après Choiseul en 1771, protégé de
la Du Barry. A l'avènement de Louis XVI, la disgrâce de la favorite entraîna
la chute du duc d'Aiguillon qui dut se retirer en Agenais en 1775. Cette même
année, il reçut deux fois chez lui l'ancienne maîtresse de Louis XV, qu'il avait
lui-même installée à Saint-Vrain, près Arpajon.

(1) Les registres paroissiaux d'Aiguillon nous ont conservé les noms de quelques-uns de ces officiers et domestiques : en 1781, Nicolas Goussas, chef de cuisine ; Nicolas Rogier, maître d'hôtel ; François Drovard, jardinier. En 1767,
Jean Nicolas Paris, pâtissier, avait été fait concierge du château avec un traitement annuel de 500 livres. Je ne parle pas de Ch. Leroy, l'architecte et
l'homme d'affaire du duc ; nous le retrouverons plus loin. (Alis, *op. cit.* pp. 325
et 326.)

Sur la somptuosité et le faste ruineux que déploya le duc d'Aiguillon dans sa
nouvelle résidence forcée, voir G. Tholin : *Documents sur le château d'Aiguillon confisqué en 1792 ;* Agen, Lamy, 1882.

M. Tholin a montré qu'on y buvait sec et festoyait ferme pour rendre moins
amères les heures d'exil. Il a publié la carte des vins qui se servaient à la table
d'honneur. Rien de plus édifiant. Les crus les meilleurs et les plus réputés y
voisinaient agréablement. Pendant le mois d'avril 1782 on bu « à la grande
table 577 bouteilles de vin d'une soixantaine de crûs différents ; à l'office, 1.184
bouteilles. Le personnel du théâtre devait être servi à part, car le dernier
chapitre se décompose ainsi : office, 888 bouteilles ; femmes, 360 ; musiciens, 101 ;
garçons, 135. »

Verdolin nous informe que le duc « mena avec lui une foule de musiciens. »
Les ducs étaient passionnés de musique. Leur magnifique collection musicale,
dont il reste environ 100 volumes, fut confisquée, comme leur galerie de tableaux,
en 1792. Les partitions se trouvent aujourd'hui aux achives municipales d'Agen.
Les tableaux, après l'incendie de la préfecture de Lot-et-Garonne en 1904, ont
été provisoirement déposés au musée de cette ville. M. Georges Tholin a dressé
l'inventaire de ces deux collections.

(2) Verdolin devait être d'autant moins oublié qu'il passa un certain nombre
d'actes pour le compte des familiers des ducs d'Aiguillon. (Voir série C. *Archives
du contrôle des actes de notaires.)*

Dans son nouveau palais, le duc avait fait construire une salle de spectacle,
devenu l'*Hôtel du Tapis Vert,* tenu par Pagès. M. Tholin en a fait une excel-
lente description. Ce n'était pas « une salle banale à transformer au besoin
pour des représentations dramatiques. Toute une aile du château avait été
exclusivement ordonnée en vue de cette destination. » C'est l'aile qui figure
dans notre phototypie, à gauche, près du corps central. « L'amphithéâtre et la

plus de plaisir à vivre librement avec les artisans et les officiers de sa maison, et, de l'autre, empêché par l'influence et l'exemple de Mautor, — qui me conseillait et ne correspondait pas lui-même aux pareilles invitations qu'il recevait, parce que, comme je l'ai appris depuis, il avait été humilié par le duc dans quelques occasions (1), — je crus devoir suivre l'exemple de quelques autres bourgeois, tels que Barrier, Dubernet, Laffargue, Mallet, Nebout jeune et autres, qui eux-mêmes, influencés par les conseils et l'exemple de Mautor, non seulement ne correspondaient pas aux honnêtetés du duc, mais encore avaient défendu à leur femme et à leurs enfans et à tout ce qui leur appartenait d'aller au château, qu'ils représentaient comme un lieu suspect et malhonnête.

Je puis dire, et je l'avoue à ma honte, que Mautor avait tellement surpris ma confiance et m'avait tellement exaspéré contre la conduite de la municipalité et du château qu'il aurait pu me faire faire les plus grandes sottises, s'il eût osé lui-même me les faire entreprendre sans être suspecté.

Le duc d'Aiguillon était revenu à Paris (2). Lanougadère-Dugasquet, oncle par alliance de Mautor, mourut quelque temps après, ne laissant rien à Mautor et donnant toute sa riche succession à la femme de Merle, sa nièce, et à Riberot, son neveu. C'est alors que Mautor, sans dire le motif de

---

scène laissaient place à d'utiles dépendances, un chauffoir pour les dames et deux foyers. Deux portes matelassées isolaient ces annexes. Deux portes de même façon ouvraient l'une sur l'escalier, l'autre sur la rue. La salle, éclairée par des lustres de cristal, entourée de loges, garnies d'accoudoirs, de banquettes rembourrées et de bancs plus simples, était assez vaste pour recevoir un nombreux public. »

(1) Verdolin confirme la tradition recueillie par M. Tholin : « Il paraîtrait, écrit ce dernier, que les invitations fort multipliées furent d'abord acceptées avec empressement. On se refroidit peu à peu. L'ancien ministre avait-il fait sentir un peu trop les distances ? On l'a dit, et ce prétexte, pour se détacher, était justifié peut-être. Mais aussi le contraste n'était-il point forcé entre le train du prince, du dernier de nos grands seigneurs, et le train modeste de ses invités ? A l'exception de quelques grandes familles qui vivaient à Paris, la noblesse de l'Agenais était pauvre. »

On voit par les *Mémoires* de Verdolin que le duc faisait risette non seulement à la noblesse, mais encore au Tiers-Etat du pays.

(2) C'est là qu'il mourut en septembre 1788.

jalousie et de haine qui le dirigeait, éclata ; c'est alors qu'il s'introduisit dans la société des artisans que je fréquentais, qu'il parla, ouvertement et de la manière la plus énergique, des malversations et des vexations commises par la municipalité ; c'est alors que, par ses propos et ses déclamations, il engagea Miraben, père et fils (1), Garrigue, oncle et neveu (2), Laburthe du Cap (3) et autres anciens jurats à se réunir à nous chez Nugues. C'est là qu'après nous avoir dépeint la municipalité sous les couleurs les plus noires, il dit que le temps d'attaquer cette mauvaise administration était enfin venu. Il dressa le plan d'attaque; nous fit écrire une espèce de délibération d'après laquelle Nugues (4) ainé, Coq ainé et moi étions nommés syndics pour la poursuite de cette affaire; nous déclara qu'il ne pouvait signer cette délibération comme beau-frère de Merle, mais qu'il concourrait de sa bourse et de ses conseils, puis se retira par la porte de derrière pour n'être vu de personne.

L'attaque se fit ainsi que Mautor l'avait conseillé. Il nous assembla plusieurs fois encore chez Nugues; il y venait toujours par des détours et en cachette pour, disait-il, qu'on ne pût le suspecter d'être le moniteur et le conseil. Il déclamait, toujours de plus en plus fort, contre la municipalité et, par là, échauffait de plus en plus notre haine et le désir de la vengeance. Cependant, imaginant sans doute que s'il venait souvent dans nos assemblées il serait découvert, il s'avisa de nous dire qu'il ne s'y rendrait plus, mais qu'il ferait parvenir ses projets et ses conseils par mon canal. Me voilà donc son

____

(1) Encore une vieille famille d'Aiguillon. De 1713 à 1761 un Bertrand Miraben était procureur. (Voir Alis, *op. cit.*, p. 339).

(2) Les Garrigue, dont il est question, Jean et Henri Garrigue, étaient avocats. (Voir Alis, *op. cit.*, p. 339.)

(3) Laburthe du Cap avait été jurat de 1769 à 1773, Jean-Baptiste de Raignac de Lacombe étant maire. (Voir Alis, *op. cit.*, p. 338.)

(4) C'est l'ancien commis de Belloc, à Clairac, installé pour son compte à Aiguillon. En 1790 il fit la déclaration du quart de son revenu pour la contribution patriotique et s'engagea à payer 256 livres. (Voir Alis, *op. cit.*, p. 399.) Il mourut à Aiguillon. Son acte de décès est du 21 décembre 1828. (Arch. départ., série M. Tables décennales.)

interprète auprès des assemblées qui se tinrent dans la suite. Il m'avait si bien inspiré que j'étais son fidèle écho (1).

Cependant l'affaire se poursuivait vivement au Parlement de Bordeaux. Déjà Nugues, Coq, Miraben père ou moi y étions descendus trois fois. Nous avions obtenu trois arrêts consécutifs pour que les municipaux rendissent compte de leur administration en présence de huit commissaires nommés par les habitans de la commune. Je fus un des huit commissaires. Après beaucoup de difficultés et après avoir épuisé toutes les chicanes, les comptes furent soumis. Je les pris dans ma poche ; je les portai à Mautor qui me fit écrire le projet des débats et m'inculqua tous les moyens nécessaires pour les débattre avec succès. Les autres commissaires qui, presque tous, étaient pris parmi nous, n'eurent qu'à signer et le résultat des débats offrit un déficit énorme pendant les six années seulement que le dernier arrêt avait permis de vérifier (2).

A cette époque, Mautor, qui dans le principe était presque toujours avec moi, semblait me fuir, jusques là que lui ayant demandé le motif de sa prétendue indifférence, il me répondit qu'on le suspectait de nous conseiller ; qu'en conséquence, jusques à ce que cette affaire fût finie, il me prévint de ne pas trouver mauvais qu'il ne nous abordât pas pendant le jour, mais qu'à dix heures précises nous nous joindrions sur la promenade ou autres lieux dont nous conviendrions et que là il nous continuerait ses conseils et ses avis. Alors Mautor, pour ne pas être suspecté, comme il le prétendait, allait réguliè-

---

(1) On voit que l'auteur du *Mémoire* écrit en 1848, Jean-Joseph Nebout, ne se trompe point en disant que les adversaires de sa famille et de ses amis étaient « clandestiment dirigées par le sieur Louis Mautor, avocat au Parlement. »

(2) Le 27 septembre 1789, l'assemblée générale de la ville d'Aiguillon arrêta à l'unanimité que, d'après la vérification des comptes consulaires pour les six dernières années, il y avait un déficit de plus de 58.000 livres. (Voir Alis, *op. cit.*, p. 396.) Jean-Joseph Nebout affirme, dans la partie de son *Mémoire* qui nous est parvenue, que les « demandes exorbitantes » du parti de Verdolin furent réduites à presque rien par jugement de l'administration départementale. Le fait est exact : dans sa séance du 12 novembre 1791, le directoire du département, statuant définitivement sur les comptes des anciens consuls de 1780 à 1786, arrêta qu'ils devaient seulement une somme de 4.269 livres 17 sols. (Arch. départ. L. 46, pp. 98 à 104.)

rement en société chez Nebout ; il n'en sortait que pour venir aux rendez-vous. Cette conduite, je l'avoue, commençait à m'affecter. Moi qui, jusques là, avais été aveuglé sur le compte de Mautor que je croyais mon ami, je me rappelai ce que certaines personnes qui me voyaient si étroitement lié avec lui m'avaient dit sur sa duplicité. Je me rappelai une malheureuse affaire que j'avais eue avec Duburgua et dans laquelle Mautor avait joué un rôle qui alors seulement me parut suspect. Je vais pour un moment parler de cette affaire pour revenir ensuite à mon sujet.

Par suite de mes fréquentations j'étais joueur et dépensier. Ce que mon père me donnait et le peu que je gagnais à mon état ne pouvaient pas suffire à beaucoup près. Duburgua père avait souvent des besoins ; il empruntait partout où il trouvait. Mon père avait de l'argent qu'il prêtait à 5 %. Duburgua me proposa de lui faire prêter 100 pistoles (1) par mon père. J'y consens, mais nous convenons que sur ces 100 pistoles il y aura 500 livres pour moi, à l'insu de mon père, et que pour ces 500 livres je fournirai à Duburgua une lettre de change de pareille somme payable aux époques de celles qu'il consentirait à mon père pour 1,000 francs. Chaque année Duburgua en payait l'intérêt à mon père et renouvelait sa lettre de change. De mon côté, en remboursant l'intérêt de 500 livres à Duburgua, je renouvelais ma lettre de change en sa faveur. Une année ayant renouvelé comme de coutume, Duburgua me dit avoir égaré la lettre de change de l'année précédente. Je l'en crus et me contentai d'une déclaration de sa main d'après laquelle il était dit que, si cette lettre de change se retrouvait, elle serait nulle et comme non avenue. Je mis cette déclaration dans mes papiers.

Mon père étant mort et me trouvant son héritier, je fis faire à Duburgua une lettre de change de 500 livres en ma faveur et lui remis celle de 100 pistoles en faveur de mon père. Je

---

(1) Le récit de Verdolin ne doit être accepté que sous réserves. Sur les faits qu'il rapporte avec une mauvaise humeur indignée nous n'avons aucun document. Nous ne pouvons dès lors ni confirmer ni infirmer son exposé.

cédai ensuite cette lettre de change de 500 livres faite par Duburgua à mon frère, acompte de ses droits légitimaires. Quelques années après, Duburgua tombe dangereusement malade; il appelle son ami Mautor, lui remet l'état de ses dettes actives et passives. J'en suis instruit; je demande à Mautor, que je trouve sur la promenade, et par forme de conversation seulement, s'il est vrai que Duburgua lui a remis cet état et s'il ne m'a pas compris, ou mon frère, au nombre de ses créanciers. Mautor me répond affirmativement, en me disant qu'il connaissait l'origine de cette créance et ce qui avait été pratiqué pour tromper mon père. Cela m'engage à parler de la lettre de change prétendue perdue par Duburgua et de la déclaration que j'en avais retirée. Mautor me dit de garder soigneusement cette déclaration et que je prisse bien garde à sa contexture pour ne pas être inquiété dans la suite, en cas que la lettre de change fût retrouvée dans les papiers de Duburgua. Cette observation m'intrigua. Je fus chez moi; je cherchai parmi les papiers les plus conséquens, je ne trouvai pas d'abord la déclaration. Mautor me demanda si je l'avais en ma possession. Je lui répondis que je ne l'avais pas trouvée parmi mes papiers de conséquence, mais que je la trouverais infailliblement. Ayant été prié le soir même d'aller retenir le testament de Duburgua, je demandai à Mautor s'il ne serait pas à propos qu'en présence des témoins je parlasse de cette déclaration à Duburgua ou que je lui en demandasse une nouvelle. Mautor me répondit que Duburgua étant fort malade et parlant à peine, puisqu'on ne croyait pas qu'il passât la nuit, il serait dangereux de faire une pareille démarche; que dans tous les cas je serais paré en ce qu'il ne m'avait pas porté sur l'état de ses dettes actives et qu'au contraire il avait porté mon frère son créancier de 500 livres que je lui avais cédées par la lettre de change susdite. Je me déterminai à ne parler de rien à Duburgua.

Environ quinze jours après, Mautor me demanda si j'avais cherché et trouvé ladite déclaration. J'eus la bonhomie de lui dire que je l'avais cherchée, mais que je ne l'avais pas trouvée. Peu à peu Duburgua se rétablit, et quelque temps après sa convalescence, il me fit assigner pour le payement de ladite lettre de change prétendue égarée. Ainsi assigné, je priai Mautor d'inviter Duburgua à se rendre chez lui pour lui rappeler ce qui s'était passé entre nous. Notre entrevue se passa en propos durs de part et d'autre. Duburgua nia tout et demanda toujours la déclaration. Mautor resta tranquille observateur de nos débats ; il se borna à me dire, lorsque Duburgua, fut sorti, qu'il voyait bien que c'était un fripon. Mais j'eus beau faire, j'eus beau dire devant les tribunaux de commerce et du Parlement, il fallut payer et la lettre de change et les frais. J'ajouterai, avant de finir de parler de cette affaire, qu'intimement convaincu que Duburgua m'avait fourni cette déclaration, je fis courir dans le public que je l'avais retrouvée. Alors Duburgua, pressé par la vérité, m'envoya Despouis, son oncle, curé de je ne sais où, qui, après m'avoir prié de ne pas perdre la réputation de son neveu, me supplia de lui donner communication de la déclaration dont s'agit ; mais, ne l'ayant pas, je ne pus le satisfaire, en lui disant que je ne la ferais voir qu'en justice, m'imaginant par là intimider Duburgua par la crainte de le faire voir tel qu'il était ; mais mon stratagème ne réussit pas et je fus chargé moi-même de supposition, quoique toutes les probabilités fussent pour la vérité de mes allégations.

Je reviens donc à mon sujet et je dis que l'indifférence de Mautor, d'un côté, et, de l'autre, l'idée que j'avais qu'il avait trahi ma confiance au sujet des aveux indiscrets que je lui avais fait dans mon affaire avec Duburgua me dessillèrent un peu sur le compte de cet homme. Cependant comme nous avions encore besoin de lui, je me déterminai à dissimuler. Je le recherchais, mais il paraissait me fuir. Bientôt je fus convaincu qu'il cherchait à mettre la désunion parmi ceux qui étaient restés fidèles à la poursuite contre la municipalité en leur disant, et notamment à Garrigue aîné, Lacaze du Padouen (1), Miraben aîné et autres (ainsi que je l'ai appris depuis), que leurs intérêts étaient mal défendus, que les mem-

______

(1) Il appartenait à une famille bourgeoise vivant noblement.

bres de la municipalité poursuivie avaient gagné par or ou autrement les syndics nommés et notamment moi. De l'autre côté, j'étais instruit que Mautor avait des conférences fréquentes et secrètes avec Merle, son beau-frère. Dès lors, je n'eus aucun doute que Mautor ne fût un homme double, traître et dissimulé. Cependant, je crus prudent de dissimuler encore moi-même à son égard.

CHAPITRE II

AIGUILLON DE 1789 A 1791

La Révolution de 1789 arriva. A Aiguillon, comme ailleurs, il se forma des comités administratifs. Il s'en composa successivement trois ; j'eus l'honneur d'y être toujours nommé par

les citoyens (1). Mautor ne le fut jamais. Cependant l'intrigue
et la cabale le nommèrent un des représentans de la commune
aux assemblées bailliagères ; j'y fus nommé aussi (2). Mautor,
quoique déjà grandement froid avec moi, me demanda de
loger avec moi à Agen. Je crus prudent de ne pas le refuser.
La même demande fut faite à Coq aîné, notre co-député.

Rendus à l'assemblée bailliagère à Agen (3), quelle fut notre
surprise de Coq et de moi d'entendre, le troisième jour de
notre arrivée, Mautor venir nous dire dans notre chambre que
le duc d'Aiguillon (4), dont jusqu'à ce moment Mautor nous
avait paru le plus grand et le plus acharné antagoniste, désirait nous voir à l'évêché, où il était logé, pour nous communi-

---

(1) Verdolin veut parler des comités permanents institués pour aider les
officiers municipaux dans leurs fonctions « que les circonstances du temps
rendent plus difficiles et plus importantes, pour pourvoir à tout ce qui intéresse
l'ordre et la sûreté publique et décider toutes les difficultés que les ennemis
pourraient faire naître ».

Le 11 août 1789, vingt commissaires furent élus membres du comité permanent : James, lieutenant général ; Florans, avocat ; Lacroix ; Miraben fils,
officier d'infanterie ; Jean Garrigue aîné, avocat ; Lacaze de Padouen, bourgeois ; Thomas Nebout de Riberot ; Jean Nugues aîné, négociant ; Etienne
Coq aîné, négociant ; *Pierre Verdolin*, notaire ; Jean Goutières. aîné ; Moullié ;
Dayre fils ; Lormino ; Sabaté aîné ; Lafargue ; Bernard Dallet ; Cazenove
père ; Beaussens aîné et Gasquet aîné. Le bureau fut ainsi composé : *président*, James ; *secrétaire*, Bernard Nugues, notaire.

Le 27 octobre 1789, Verdolin est nommé vice-président du comité permanent,
Miraben étant président et Dayre, secrétaire. (Alis, *op. cit.*, pp. 394-95 et
398-99).

Le 12 novembre, il est chargé par le comité permanent de recevoir les
déclarations du quart du revenu pour la contribution patriotique. Si l'on en
juge par sa propre contribution (60 livres payables en trois termes), Verdolin
n'était pas riche. Sa famille souscrit également pour des sommes relativement
peu importantes : 100 et 21 livres. (Alis, *op. cit*, pp. 399 à 401. Archives départementales. Série L. Contribution patriotique.)

(2) Les délégués d'Aiguillon pour l'élection des députés du Tiers-Etat aux
Etats-Généraux étaient Louis Mautor, Etienne Coq, Verdolin et Arnaud Merle-
Dubarry, notable, que l'auteur des *Mémoires* ne mentionne pas.

(3) Les députés des trois ordres se réunirent, à partir du jeudi 12 mars 1789,
dans l'église des Jacobins d'Agen. Le 14, Verdolin figure parmi les signataires
d'une motion relative aux mesures d'ordre à prendre dans l'assemblée. Mautor,
son ennemi intime, eut à exercer un rôle plus considérable : il figure au nombre des commissaires chargés de rédiger le cahier du Tiers-Etat agenais. (*Procès-verbal de l'assemblée des trois ordres*, Agen, Noubel, 1789. Arch. départ.
série B.)

(4) Il s'agit ici d'Emmanuel Armand, dernier duc d'Aiguillon, marié à Jeanne-
Victoire-Henriette de Navailles. Nous le retrouverons plus loin.

quer le désir qu'il avait d'être nommé député par le Tiers-Etat et nous prier de joindre nos efforts aux siens pour y réussir. Il nous fit voir en même temps un billet d'invitation pour aller diner le lendemain avec le duc d'Aiguillon. Je dois dire à la louange de Coq qu'il fut indigné de la proposition et de la duplicité de Mautor et que cependant, revenus de surprise de voir cet homme le favori et l'adulateur du duc, nous nous décidames à nous laisser conduire à l'évêché (1) pour voir où Mautor voulait en venir.

Nous y fumes, en effet, le lendemain. Leroy (2), dans l'antichambre du duc, nous reçut plus amicalement qu'à l'ordi-

---

(1) Aujourd'hui hôtel de la Préfecture, il fut construit de 1775 à 1783 par Charles Leroy, élève de Soufflot, que l'avant-dernier duc d'Aiguillon avait fait venir pour construire son château et qu'il mit gracieusement à la disposition de Mgr d'Usson de Bonnac pour l'édification d'un palais épiscopal à Agen. Ce beau monument a servi tour à tour. et quelquefois concurremment, de caserne, de prison, d'école, d'Ecole centrale, et enfin, à partir de 1810, de Préfecture de Lot-et-Garonne. Son histoire a été longuement écrite par M. Paillard, ancien élève de l'École des Chartes. préfet du département (*Recueil des Travaux de la Société d'Agriculture, Sciences et Arts d'Agen*, 2ᵉ série, t. 1ᵉʳ, pp. 70 à 123) et résumée par M. G. Tholin : *Histoire et Description de l'Hôtel de la Préfecture d'Agen*, Paris, Plon. Voir encore, de M. Ph. Lauzun : *L'Hôtel de la Préfecture d'Agen*, qui résume les précédents. (*Revue de l'Agenais*, 1905, pp. 97 à 112.)

(2) Nous venons de dire que Charles Leroy construisit le château d'Aiguillon et le palais épiscopal. On lui doit aussi dans Agen l'hôtel d'Escouloubre, rue Montesquieu, et l'hôtel Garreau, rue Floirac. Le personnage mériterait un article, précisant son rôle avant et pendant la Révolution. Jusqu'à l'époque de l'émigration du duc d'Aiguillon, il fut l'architecte, l'homme d'affaire de la famille. Il touchait 2,090 livres par an. Après l'émigration, il fut enore l'homme d'affaires de la vieille duchesse. Verdolin parle de lui en divers passages de ses *Mémoires*. Venu de Paris où il avait été l'élève de Soufflot, Leroy se fixa définitivement à Aiguillon dont il voulait faire une ville importante. Pendant la Révolution, après avoir donné de nombreuses preuves d'attachement à la famille du duc, il adhéra nettement aux idées nouvelles. On le vit, en frimaire an II, se présenter au corps municipal assemblé et demander que son nom « qui faisait injure à la République et retraçait l'idée des despotes qui ont existé pour le malheur de l'humanité » fût changé en celui de *L'Epi* « qui présentait une idée de l'abondance et de la satisfaction de l'homme ». Son républicanisme et ses talents incontestés le firent demander par le département comme ingénieur ordinaire à la place de Lomet, retenu à l'armée des Pyrénées. Paganel, représentant du peuple en mission, approuva cet heureux choix et, dès le 13 frimaire an III, Lépi fit partie du corps des ingénieurs de Lot-et-Garonne qui comprenait Dergny, ingénieur en chef, Lomet premier ingénieur ordinaire, Leroy, second ingénieur ordinaire.

Ce dernier s'acquitta de ses fonctions avec un zèle jamais lassé. Il rêvait de transformer Aiguillon, où il résidait, d'en faire une ville importante et plus

naire. Il nous parla longuement du désir que le duc aurait d'être nommé par le Tiers-Etat et des moyens à prendre pour y parvenir. Mautor applaudissait à tout. Nous ne disions rien, tant était grande notre surprise. Après quoi, nous sommes introduits dans la chambre du duc qui nous reçut avec cette aménité et cette affabilité peu commune aux grands d'alors. Nous eumes occasion de nous convaincre que cette entrevue n'était pas la première que Mautor avait eue avec Leroy et le duc. Coq et moi sortimes indignés contre Mautor. Rendus à l'endroit où nous logions, il eut beau nous parler pendant toute la durée de l'assemblée des projets du duc (1), nous ne lui répondimes jamais et nous ne voulumes nous entretenir avec lui que d'affaires indifférentes, et même nous évitions sa société autant que nous pouvions.

Revenu à Aiguillon, je ne vis plus Mautor. Quelque temps après le décret pour la formation des municipalités arriva (2).

---

coquette encore, d'y apporter un peu de la vie mouvementée qui l'avait abandonnée avec les ducs d'Aiguillon. En nivôse an III il fit adopter par le directoire du département un projet très étudié tendant à établir au château et dans certains établissements nationaux de la ville un entrepôt général de comestibles et d'agrès propres à l'armement. Ce projet, transmis à la commission de la Marine et des Colonies, ne fut point exécuté, et ce fut grand dommage pour Aiguillon. (Archives départementales, série L. 70 et 71, 31, 33 : Voir Bonnat : *Inventaire de la série L*, pages 38 *b*, 39 *a*, 50 *a*, 167 *b* et 170 *a*.). Lépi, redevenu Leroy après la Terreur, mourut à Aiguillon, le 29 avril 1807. (Archives départementales, M. Tables décennales.)

(1) Le duc fut élu député, non du Tiers-Etat, mais de la noblesse d'Agenais aux Etats-Généraux, avec le marquis de Fumel-Monségur, maréchal de camp des armées du Roi, et le villeneuvois Joseph de Bourran. C'est lui qui, dans la fameuse nuit du 4 août, se prononça pour l'abolition des privilèges. Au mois d'août 1789, il fut élu général des troupes patriotiques agenaises. Les royalistes intransigeants l'attaquèrent avec la plus grande vivacité. On prétendit qu'il s'était déguisé en femme et avait conduit à Versailles, le 5 octobre, tout un bataillon de dames de la halle. D'où le surnom qui lui fut donné de *Madame de Graillon*. (Pellet, *Intermédiaire des Chercheurs et des Curieux*, 20 février 1906.) Il prit ensuite la place de Custine et le commandement de l'armée française établie dans les gorges de Porentruy. Décrété d'accusation après le 10 août 1792, il se réfugia en Suisse, puis à Londres, enfin à Hambourg où il mourut en 1800, au moment où il venait d'être rayé de la liste des émigrés. (Voir Alis, *op. cit.*, p. 335.)

(2) Décrets du 14 décembre 1789 portant constitution des municipalités ; du 22 décembre 1789 et du 29 décembre 1789-6 janvier 1790, ce dernier portant convocation des assemblées primaires pour l'élection des municipalités.

Le Duc d'Aiguillon
député aux États-Généraux de 1789

C'est alors qu'on vit Mautor se déclarer ouvertement pour son beau-frère et ceux contre qui il nous avait le plus exaspéré. C'est lui qui fut le conseil et le principal auteur des intrigues mises en usage pour cette nouvelle formation, qu'il composa de son beau-frère, Merle, et autres (1). Piqués d'une telle trahison de la part de cet homme perfide, nous voulumes poursuivre l'exécution des arrêts du Parlement de Bordeaux, mais déjà les Parlements avaient cessé d'être (2). Nous recourumes au tribunal judiciaire de Tonneins (3), mais en vain : ses membres, faibles ou gagnés, ne voulurent pas en connaître (4).

Les poursuivis, membres alors de la municipalité, évoquèrent cette affaire à l'administration du département, qui selon les lois lors existantes ne pouvait décider qu'après l'avis des municipalités et des districts. Mautor était partout, à Aiguillon, à Tonneins, à Agen ; il voyait tout ; il conseillait tout ; il influençait tout, et nos efforts, après des voyages et des dépenses multipliés soit à Agen, soit à Tonneins, se réduisirent à faire condamner la municipalité à remettre dans les coffres de la commune une somme de 4,000 et quelques cens livres (5).

Avant de nous enfoncer plus loin dans la Révolution, il est bon de dire que pendant l'existence des premiers comités,

---

(1) Les élections se firent à Aiguillon les 8, 9 et 10 février 1790. Elles donnèrent lieu à divers incidents, où Verdolin fut quelque peu compromis, ce dont il se garde bien de parler.

(2) Ils furent supprimés définitivement par le décret du 6-7 septembre 1790, sanctionné par le Roi le 11 du même mois.

(3) Il y avait un tribunal par district ; il était établi au chef-lieu de la nouvelle organisation administrative. Le décret du 25-28 août 1790 désigna nominativement les villes où les tribunaux seraient placés. C'étaient, pour le Lot-et-Garonne, Agen, Nérac, Casteljaloux, Tonneins (dans le ressort duquel se trouvait Aiguillon), Marmande, Villeneuve, Valence, (qui fait aujourd'hui, partie du Tarn-et-Garonne), Monflanquin et Lauzun. Les juges et suppléants étaient élus par les citoyens actifs dans les assemblées électorales de district.

(4) Ce n'étaient point d'ailleurs de leur ressort, mais de celui de l'administration départementale dont les pouvoirs, pendant la Révolution, étaient très étendus.

(5) C'est le 12 novembre 1791 que le directoire du département arrêta que les anciens consuls d'Aiguillon devaient seulement 4269 livres 17 sols. On sait que le parti de Verdolin réclamait plus de 50.000 livres.

comme tout était dans le chaos, le comité d'Aiguillon s'était arrogé tous les droits, tous les pouvoirs, administratif, judiciaire ; tout était de sa compétence. Je rougirais de dire que la confiance publique m'avait érigé en principal membre de ce comité, si le bien qu'il a fait ne surpassait pas les maux dont il a pu se rendre coupable, quoiqu'innocemment s'il l'a fait, car ce comité, pendant le court espace qu'il a existé, a jugé ou arrangé plus d'affaires que les anciens tribunaux n'en avaient jugé ou arrangé dans l'espace de dix ans. On avait conservé pour la forme, au nombre de ce comité, les anciens membres de l'administration municipale ; mais je le dis à la honte de ce comité, et à la mienne en particulier, que sans cesse on les humiliait, tantôt en les mandant pour s'entendre dire les choses les plus dures, tantôt en leur reprochant une conduite contraire aux intérêts du peuple (1), comme si jamais il a été permis d'insulter aux malheureux sans défense, comme étaient alors les officiers municipaux ! Les esprits commençaient alors à être tellement échauffés à Aiguillon que Fabre, Duburgua et Baptiste, induits sans doute, se déterminèrent une nuit à aller escalader le clocher pour couper le battant

(1) En effet, le comité permanent dont parle Verdolin réduisit presque à néant l'autorité des consuls. Le 30 août 1789, ces derniers refusent de se rendre à une réunion où on les accuse « de n'avoir presque rien fait de réparations utiles à la juridiction depuis environ 18 ans qu'ils sont en charge, et non seulement d'avoir dépensé, on ne sait comment — d'après des délibérations signées pour la majeure partie de deux ou trois jurats de leurs parents ou amis, — les revenus patrimoniaux de la communauté, riche aujourd'hui de plus de 16,000 livres de revenus, mais encore d'avoir par leur négligence laissé perdre au lieu de Nicole une île immense. Aussi est-il unanimement délibéré et arrêté que les poursuites à raison de la reddition des comptes pour les six dernières années seront continuées devant le Parlement de Bordeaux et qu'on priera Sa Majesté d'ordonner la destitution de MM. Merle de Massonneau, maire, Nebout, 1er consul, Léaumont, 2e consul, du procureur ducal Salvandy, Muret, trésorier, et de pourvoir à leur remplacement. » (Alis, *op. cit.*, p. 396). On pourrait encore citer d'autres exemples pour confirmer les *Mémoires* de Verdolin. Ainsi le 8 novembre 1789, le Comité, « considérant la brillante fortune dont jouit le sieur Merle de Massonneau, la délicatesse de son tempérament qui ne lui permet pas de se lever la nuit lorsqu'il est appelé auprès des malades de la campagne, surtout sa qualité d'inspecteur des Eaux de Barbotan, qui l'oblige à se déplacer..., délibère et arrête que la pension de 500 livres accordée audit sieur Merle en sa qualité de médecin de la communauté est transportée sur la tête du sieur Turpin ». (Alis *op. cit*, p. 399.)

de la cloche qui appelait les citoyens aux assemblées. Cette action fut regardée par le comité si criminelle qu'on manda de suite les coupables et, entr'autres, Fabre, qui fit résistance, lança des tuiles contre le peuple assemblé devant sa maison, fut enfin mené à la maison commune où on ne parlait que de l'égorger. Je ne pus le sauver de cette crise qu'en faisant ordonner qu'il serait de suite mis en prison, où il fut jugé par le comité dont plusieurs membres voulaient l'envoyer à Bordeaux amarré à un bateau et où vraisemblablement il aurait été massacré, tant était grande l'effervescence des Bordelais. Mais j'eus encore le bonheur de lui sauver ce danger et le fis mettre en liberté après un jour de détention (1).

A Aiguillon, comme ailleurs, il se forma des sociétés se disant politiques. Il s'en forma d'abord une sous le titre de *Société de Peyrelongue*, puis une autre sous le titre de *Société des Carmes* (2). J'étais de la première; j'y jouissais même, j'ose le dire, d'une certaine estime; j'y étais presque toujours président, secrétaire ou orateur. Ces sociétés devaient nécessairement dans un petit lieu entretenir et même allumer de plus grandes divisions parmi les citoyens. Bientôt on les vit s'entrechoquer et s'insulter dans les rues et les lieux publics. Des insultes, aux menaces ; et si les voies de fait n'eu-

---

(1) Un passage de la compilation de l'abbé Alis (pp. 397 et 398) confirme encore le récit de Verdolin. Les faits se passaient à la fin de septembre 1789. Verdolin faisait l'office de procureur. Jacques Fabre, chirurgien d'Aiguillon, avait alors 32 ans. Il avait pour complices Pierre-François Duburgua, également chirurgien, Antoine Chastain, piqueur, et Martin Baptiste, cordonnier. Les quatre prévenus furent condamnés à verser chacun 6 livres d'amende entre les mains de Mlle de Massac, supérieure de l'hôpital. Fabre fut relâché le lendemain de son arrestation, comme l'indique Verdolin.

(2) Les registres de délibérations de ces Sociétés ne nous sont point parvenus. Il en est de même de toutes les Sociétés populaires du département pour la période antérieure à 1793, sauf en ce qui concerne Tonneins. Ces registres qui contenaient les premières délibérations de nos clubs politiques furent brûlés ou détruits en 1793, comme entachés de fédéralisme, et par ordre des représentants du peuple en mission.

D'autre part, nous n'avons d'autres renseignements sur les premières Sociétés populaires d'Aiguillon que ceux fournis par Verdolin, le registre des délibérations de la municipalité de 1790 à 1791 (11 septembre) ayant depuis longtemps disparu des archives communales.

4

rent pas lieu, je crois pouvoir m'en attribuer la plus grande partie de gloire, puisque je ne cessais d'exhorter mes co-sociétaires à la paix, à la tranquillité, au mépris des insultes et des provocations, jusques-là que j'ai été obligé, une fois entre autres, de me mettre en travers sur la porte où nous étions réunis pour empêcher ceux qui voulaient sortir avec armes pour aller joindre les membres de l'autre société qui les avaient provoqués et défiés ! L'animosité en était au point que j'ai trouvé deux billets à ma serrure qui me menaçaient de la mort si j'osais sortir — ce qui ne m'en empêcha jamais — et que quelques membres de notre société, entre autres Riberot père, instruits qu'on en voulait à ma vie, venaient chaque soir me chercher chez moi, sans jamais, que longtemps après, avoir voulu me dire le sujet de leur attention et de leurs craintes pour moi.

Un jour conformément à quelque décret, le comité avait ordonné que les citoyens s'assembleraient sur la promenade pour l'organisation de la garde nationale (1). On a appris depuis que, la veille de cette assemblée, Mautor, avec plusieurs jeunes gens, s'était rendu dans une des salles du château, que là, il avait été arrêté de fondre sur le comité et les membres de la *Société de Peyrelongue*. En effet, le lendemain, à l'heure du rendez-vous, quelques membres de la société de Peyrelongue et entre autres Nugues, notaire, et Lalanne-Garrigue, se virent assaillis, désarmés et terrassés par une foule d'artisans séduits et égarés. Miraben père, lors commandant la garde nationale, eut beau requérir la force pour empêcher le désordre, on ne voulut pas obéir ; il fut lui-même menacé. Il envoya et vint lui-même chercher le comité qui était encore à la maison commune. Il y fut. Parmi les membres de ce comité était Nebout père. J'étais à son côté ; à peine arrivés sur la promenade, le comité est dispersé. Je reste avec Garrigue aîné et Nebout. Je me vois assailli et arrêté de tous côtés; Nebout criait aux mutins et aux révoltés que c'était le comité qui causait tous les désordres, qu'il fallait l'égorger. Garrigue

---

(1) Décrets du 10-14 août 1789 ; du 14 décembre 1789, article 52.

et moi voulons avancer pour donner du secours à ceux qui étaient maltraités et terrassés ; nous sommes arrêtés par la foule. Nous entendons de nouveau Nebout père criant qu'il fallait tuer Nugues et Lalanne-Garrigue. Cependant Mautor avait disparu et était allé se cacher chez lui. Ne pouvant pénétrer plus loin, je crie que les membres du comité dispersés et insultés se retirent avec moi et les bons citoyens à la maison commune. A peine y sommes-nous arrivés qu'une grêle de pierres frappe la porte d'entrée. Je me présente ; une pierre m'effleure la tête ; je vois Nebout père à la tête de quelques artisans égarés. Je fais armer les citoyens qui nous avaient suivis ; je leur confie la garde des portes. Nebout père se présente avec sa troupe pour les enfoncer ; ils sont repoussés. Les pierres pleuvent sur les gardes des portes. On vient me dire que les révoltés, et entre autres Chassain aîné, vont chercher le canon pour enfoncer les portes et fondre sur nous ; je fais prendre le drapeau rouge ; je sors sous la halle ; je vois la foule s'augmenter ; les cris de mort se font entendre de toutes parts ; je fais les sommations au peuple prescrites par les lois pour qu'il ait à se disperser ; à la seconde sommation, tout se dissipe ; je rentre et je dresse procès-verbal de ce qui venait de se passer ; mais jamais ce procès-verbal tel qui devait être n'a été envoyé aux autorités compétentes pour ne pas compromettre les citoyens, préférant que le temps les éclairât.

Ainsi se passa cette journée où plusieurs de mes concitoyens et moi courumes les plus grands dangers (1).

J'ai déjà dit que la première municipalité d'Aiguillon, par l'intrigue et la cabale de Mautor, était composée des membres de l'ancienne ou qui leur étaient dévoués. Je vis bien, avec ceux qui voulurent ou surent voir, que cette municipalité n'avait été ainsi composée que pour arrêter le cours du procès au sujet de la reddition des comptes. Livré pour ainsi dire seul à mes propres lumières et piqué à outrance de la déser-

---

(1) Les documents officiels qui auraient permis de confirmer ou d'infirmer le récit de Verdolin ont disparu. Nous savons seulement qu'à cette époque la ville d'Aiguillon fut le théâtre de troubles nombreux.

tion ou plutôt de la trahison de Mautor, nous nous déterminames à poursuivre devant le département la cassation de cette municipalité. En conséquence je fus chargé de faire un précis qui fut imprimé, dans lequel on développa la vérité de ce qui s'était passé (1). Mautor n'y fut pas épargné.

La nouvelle municipalité répondit clandestinement à ce précis. Je n'étais pas épargné non plus dans cette réponse. Nous nous en procurames une copie que nous fimes imprimer et un autre mémoire que Belloc, de Clairac, rédigea. Bref, la municipalité fut confirmée d'après l'avis du district de Tonneins et

---

(1) Les affaires municipales d'Aiguillon ont été l'objet de nombreux arrêts et enquêtes de la part du conseil du département et du directoire du district de Tonneins. La première municipalité avait été élue *avec l'appui de Verdolin, qui se garde bien d'en parler dans ses Mémoires. C'est lui qui rédigea, écrivit et signa le procès-verbal d'élection, contre lequel on le vit plus tard réclamer avec énergie.*

Le 10 novembre 1790, à la suite d'une enquête faite par Lafont, administrateur du département, et d'un réquisitoire de Lacuée, procureur général syndic, le Conseil du département cassa les élections municipales faites les 8, 9 et 10 février 1790. L'arrêté d'annulation mérite d'être rapporté :

« Vu la pétition de plusieurs citoyens de la commune d'Aiguillon, présentée à l'Assemblée nationale, etc..., vu *les différents mémoires, manuscrits et imprimés, produits tant par les sieurs Coquaine, négociant, et Verdolin, notaire, au nom des réclamans, que par la municipalité*, mémoires donnés en communication à chacune des parties. Vu les répliques qui en ont été fournies, ensemble les différents actes respectivement signifiés pendant le cours de cette affaire... ; vu l'avis du directoire du district de Tonneins, en date du 23 juillet, l'arrêté pris par le directoire du département pour ordonner qu'il sera fait une information sur les lieux pour, en présence de la commune assemblée, vérifier les faits encore non contestés ; ensemble l'instruction adressée aux commissaires [enquêteurs] par le directoire ; l'arrêté du directoire en date du 28 octobre 1790, lequel, sur la réclamation de M. Dutour, administrateur et se trouvant seul commissaire, lui adjoint MM. Depère et Auricoste, membres du directoire du département ;

« Après avoir pris connaissance de l'information faite par MM. les commissaires ;

« Le Conseil du département considérant... que l'audition rendue par 162 témoins, la plupart concordant entre eux, le met à portée de reconnaître la vérité ou la supposition des faits ;

« Qu'il résulte de l'information qu'un très grand nombre de billets a été distribué avant l'élection à plusieurs citoyens sans leur donner connaissance des noms qui y étaient inscrits ; que les suffrages ont été captés par des voies illicites ; que le second cas de nullité [existe], lorsque les suffrages ont été donnés tumultueusement, par acclamation et non par la voie du scrutin, qui est la seule forme constitutionnelle de les constater ; qu'il résulte de l'information que le président et le secrétaire de l'assemblée ont été nommés de cette

on envoya un commissaire du département pour prendre des renseignemens sur les lieux (1).

Dans l'intervalle, un décret ordonna la nomination d'un juge de paix et d'assesseurs dans tous les cantons (2). Déjà instruits à l'art d'intriguer et de cabaler, nous n'épargnames rien le jour de l'assemblée générale du canton : la maison de Peyrelongue fut pour ainsi dire une auberge où les paysans du canton venaient boire et manger du pain et du fromage dont nous avions fait provision. Le parti contraire donnait également à boire et à manger du pain et de la vache dans l'auberge de Cruchon. Ce jour était véritablement un jour de bacchanales et de désordre. Dans les rues, dans les places, dans le lieu de l'assemblée générale, on n'entendait que bruit, menaces et mêmes des voies de fait. Il aurait été difficile d'arrêter et même de morigéner des têtes exaltées par les insinuations et par le vin, tant par un parti que par l'autre. Ce jour, la médecine et les médecins eurent relâche ; on vit des aveugles quitter leurs demeures, des apoplectiques sortir de leurs chambres, des moribonds sortir de leur lit pour venir porter leurs billets. Bref, ce jour, la victoire de la cabale resta à la société de Peyrelongue. On nomma Laffitte de Parailloux juge de paix ; je fus nommé assesseur. Les audiences se

manière illégale ; que néanmoins le procès-verbal porte qu'ils ont été élus par la voie du scrutin et que ce faux avéré invalide l'entier procès-verbal et, par conséquent, aussi toutes les élections qui y sont relatées. (*Ce faux, notons-le, est l'œuvre de Verdolin*).

« Le Conseil annule les élections, *blâme Verdolin, « qui sans y être forcé a rédigé, écrit et signé un procès-verbal contre lequel il a lui-même réclamé »*, et les citoyens qui ont signé ce procès-verbal ».

Le Conseil, en outre, déclare qu'il sera procédé le 14 novembre à l'élection d'un maire, de 8 officiers municipaux, d'un procureur de la commune et de 18 notables ; puis il exhorte au calme et à la concorde tous les citoyens actifs d'Aiguillon. (Archives départementales. L. 27, pp. 283 à 291.)

(1) Il y eut, en réalité, deux enquêtes faites sur place par des administrateurs du département. La première fut dirigée par Depère et Auricoste désignés par le directoire, le 21 octobre 1790. (Bonnat : *Inventaire de la série L*, pp. 61 *b* et 62 *a*.) Elle n'aboutit à aucun résultat. La seconde, dont parle Verdolin, fut menée par Lafont du Cujula qui, le 10 novembre 1790, fit son rapport au Conseil du département. On sait que les élections municipales furent annulées.

(2) Décret des 16-21 août 1790, relatif à l'organisation judiciaire, portant institution et fixant les attributions des juges de paix. (Titre III.)

tinrent chez moi. Je puis dire à la louange de cette judicature que la justice se rendait avec impartialité, sans exception de partis ; si même dans les affaires douteuses, quelqu'un était favorisé, c'étaient ceux du parti contraire.

Cependant, un jour, l'abbé Mautor (1) étant venu avec Duneau, son oncle, je ne me rappelle pour quelle affaire, et ce dernier m'ayant tenu quelque propos dans le temps que j'étais en séance, je fis contre lui un verbal dont, malgré les vives sollicitations que je reçus de la part de plusieurs personnes honnêtes, je voulus poursuivre la punition de ce prétendu manquement et je fis, en effet, ordonner par le tribunal judiciaire de Tonneins que ledit Duneau serait mis en réclusion. Je voudrais bien pouvoir effacer cette anecdote de mon histoire, parce qu'elle ne me fait pas honneur en ce que le prétendu manquement était peu de chose et que j'aurais dû céder aux sollicitations qui me furent faites, plutôt que d'humilier ainsi un homme honnête et qui, dans la suite, m'a donné des preuves de son honnêteté. Mais il était un des principaux agens du parti de la municipalité, et j'étais désolé et pour ainsi dire forcé par le parti de Peyrelongue de le poursuivre et de le faire punir.

Quelque temps après, on procéda à la nomination des électeurs et d'une nouvelle municipalité (2). Nous étions déjà

---

(1) Jean-Daniel Mautor, fils de J.-B. Mautor et de Marie Duneau, né à Aiguillon le 13 juin 1756. Après avoir rempli des fonctions ecclésiastiques à Auch, Toulouse, Cahors et Condom, il revint à Aiguillon où la Révolution le trouva l'un des chapelains nommés par le duc d'Aiguillon. Il ne prêta pas le serment d'adhésion à la Constitution civile du clergé mais celui de Liberté et d'Egalité (1792). Après le Concordat il exerça à Aiguillon, puis fut nommé desservant de Saint-Côme en 1803. (Archives de l'Evêché, L. 13, art. 15). Il y mourut en 1821. (Notes de M. l'abbé Dubos.)

(2) L'élection des huit officiers municipaux, d'un maire, d'un procureur de la commune et de dix-huit notables avait été fixée, après annulation des premières élections de février, au 14 novembre 1790. Dutour, administrateur du département, se rendit officiellement à Aiguillon, mais, il ne put remplir sa mission, (Voir Archives départementales, L. 27, pp. 319, 324 et 362 ; L. 40, p. 198), des contestations très vives s'étant élevées au cours de l'assemblée électorale du 15 novembre. Les élections furent renvoyées et fixées au 2 janvier 1791 ; elles se firent en présence de Bayle, commissaire du directoire du département. Ce n'est point d'elles que Verdolin veut parler, car en 1791, il ne figure pas dans les procès-verbaux des séances de la municipalité qui nous ont été heureuse-

grands-maitres dans l'art de cabaler. Le parti de la municipalité, malgré tous ses efforts, n'eut aucun électeur et aucun municipal ; je fus nommé électeur et procureur de la commune.

Instruits que déjà plusieurs partisans de la société de l'ancienne municipalité désiraient se réunir à nous et déjà le local où nous nous assemblions étant trop petit, nous résolumes de transporter notre société dans l'église des Carmes (1), espérant, par là, faire une réunion de tous les citoyens. Le projet adopté et exécuté, nous vimes bientôt Mautor et les autres chefs de l'ancienne municipalité abandonnés. Cependant nous ne cessames de les faire inviter de se réunir avec nous, tant nous et particulièrement moi avions à cœur de voir une réunion et une réconciliation franche et loyale. J'avoue que, piqué de leur obstination, j'ai une fois fait une sortie vigoureuse contre eux à la tribune de la société, en attribuant à haine et à mépris leur prétendue obstination, ce qui, je le pense, força quelques-uns d'entre eux à se faire recevoir.

Cependant, le renard veillait ; il épiait le moment de mettre la désunion et le désordre parmi nous. J'eus le mal au cœur de voir que Miraben (2) père et fils, que Garrigue ainé et autres semblaient me fuir, qu'ils ne venaient plus à la maison de Peyrelongue où quelques actionnaires (*sic*) se rassemblaient encore pour s'amuser. Je vis un jour Lacroix fils et autres me demander avec hauteur et colère la copie d'une transaction

---

ment conservés. (Archives municipales d'Aiguillon.) A cette époque et jusqu'en novembre 1791, le procureur de la commune s'appelait Barrier. C'est seulement le 6 novembre 1791 que le renouvellement annuel de la municipalité d'Aiguillon assura le triomphe du parti de Verdolin. Jean Florans fut élu maire ; Pierre Léaumont, Pierre Lacaze et Jean Coq, officiers municipaux. Verdolin devint alors procureur de la commune. Tous les nouveaux élus, le 20 novembre, prêtèrent le serment « d'être fidèles à la nation, à la loi et au roi, de maintenir de tout leur pouvoir la Constitution du royaume et de remplir avec zèle et courage les fonctions civiles et politiques qui leur étaient confiées. » (Alis, *op. cit.*, pp. 409 et 410.)

(1) Le couvent des Carmes était situé à droite de la première aile du château (voir la phototypie en tête des *Mémoires*), de l'autre côté des murs de ville. Une partie de l'église sert aujourd'hui de « débarras pour la mairie ». (Alis, *op. cit.* p. 376.)

(2) Miraben père était devenu lieutenant-colonel de la garde-nationale. Il était chevalier de Saint-Louis. Garrigue ainé était avocat.

jadis passée entre les seigneurs d'Aiguillon et la communauté (1) et que Riberot père m'avait confiée. Je fus la chercher de suite et la remis à Riberot en présence de tous. Un autre jour, je me vis interpellé par Coq aîné, en séance de la Société des Carmes, de remettre la dite transaction ; je me bornai à dire que je ne l'avais plus et que j'en avais fait la remise à Riberot, présent, qui l'attesta. Une autre fois, je me vis accusé, en présence d'une nombreuse assemblée aux Carmes, par le même Coq d'être contraire aux droits du peuple et de négliger ou me refuser au partage des biens communaux. Je me contentai de répondre que je défiais qu'on prouvât que jamais j'eusse été contraire aux droits du peuple ; que, quant au partage des biens communaux, il fallait attendre qu'une loi ou un arrêté de quelque autorité compétente l'ordonnât. Cette réponse sage et modérée me valut beaucoup de propos de la part de Coq qui cherchait sans doute à me faire perdre la confiance du peuple. Plus je ruminais, moins je pouvais deviner quel pouvait être le motif de l'indifférence et de l'éloignement des uns et des suspicions et des accusations des autres. Enfin longtemps et très longtemps après, j'ai appris que ceux qui voulaient fomenter et entretenir la désunion parmi les citoyens d'Aiguillon avaient insinué que j'avais connivé avec Nugues aîné pour vendre notre silence au sujet des comptes de l'ancienne municipalité à Merle et à Nebout, qui nous avaient donné beaucoup d'argent, et que même nous avions été payés fort cher par le duc d'Aiguillon pour lui faire la remise de la dite transaction — qui, si elle eût été suivie, l'aurait privé d'une grande partie de ses carterées, — et que même on aurait vu le sac du procès dans les mains de Merle et la transaction dans celles de Leroy.

---

(1) La transaction dont parle Verdolin avait été passée « entre messire Honorat de Savoie, comte de Villars, seigneur de Villars et autres places, et les consuls, manans et habitans dudit Aiguillon, du 1ᵉ janvier 1550, avec l'arrêt d'homologation du 13 avril 1550, écrit sur 32 pages trois quarts, signé à la fin : Pendelé, Montayral, notaire royal, et Chalbet, notaire royal ». Le 11 octobre 1792, les citoyens actifs d'Aiguillon, au nombre de 55, autorisèrent la municipalité à poursuivre la réintégration des biens usurpés sur la communauté tant par les ci-devant seigneurs d'Aiguillon, d'après la transaction de 1550, que par toutes autres personnes. (Alis, *op. cit.*, p. 426.)

Si, dans le temps, j'eusse connu la gravité de cette accusation, j'aurais pu leur répondre comme je leur répondrais aujourd'hui : il est bien malheureux pour des hommes honnêtes de se laisser séduire et tromper par des méchans sur le compte d'un homme irréprochable à tous égards et que cependant on ose accuser de trahison en vendant son silence aux dépens de son honneur. Non ! je n'ai jamais été capable d'une telle bassesse, ni personne ne me l'a jamais proposée, et la preuve la moins équivoque que je n'ai pas vendu le sac du procès ni la transaction et qu'on ne les a pas vus dans les mains de Merle et de Leroy, c'est que le sac a toujours été et est encore dans mes mains et que la transaction est ou doit être dans celles de Riberot. Mais pourquoi, me dira-t-on, n'avoir pas poursuivi l'affaire des comptes lorsque j'étais procureur de la commune ? Peut-on ignorer qu'on a tenté plusieurs fois de faire prononcer par le tribunal judiciaire de Tonneins l'incompétence de la décision donnée par le département sur l'avis du district ; que ce tribunal s'est toujours refusé à prononcer cette incompétence et a approuvé par là la décision du département. Il se peut bien, et je le crois, que le tribunal était séduit ou qu'il était dans l'erreur, mais quel moyen pouvait-on avoir alors pour le faire prononcer malgré lui ? Le Comité de législation ? Mais on lui écrivit deux fois, et toujours sans réponse, parce que le duc d'Aiguillon était là. Il n'y eut donc alors d'autre parti à prendre que celui du silence et l'espérance qu'un jour la justice reprendrait son cours.

D'ailleurs ceux qui déclament tant contre cette impoursuite ont-ils oublié que dans le temps je remis mon état de dépenses, d'après lequel je me trouvais en avances pour plus de huit cens livres ? Pourquoi, dès lors qu'ils étaient si désireux que cette affaire se poursuivît, n'ont-ils pas remboursé au moins leur quote-part de ces dépenses et ne m'ont-ils pas fourni des fonds nécessaires pour seconder leurs désirs ? Alors oui, alors on aurait pu s'adresser à toutes les autorités établies pour forcer le tribunal judiciaire de Tonneins à se prononcer.

Je finirai ceci en disant que, piqué par la trahison de Mautor

encore plus que par tout autre motif, j'ai fait tout ce que mes
moyens pécuniaires ou intellectuels m'ont permis pour la poursuite de cette affaire ; que jamais je n'ai transigé avec personne et qu'aujourd'hui je me félicite, comme tout honnête
homme doit se féliciter, que cette affaire ne se soit pas poursuivie, car si elle l'eût été ou pu l'être, il n'est pas douteux que
la malheureuse Révolution de 1793 aurait trouvé les esprits
des deux partis d'Aiguillon exaspérés, exaltés ; les haines, les
vengeances et toutes les passions auraient été en jeu dans cette
crise cruelle. Qui peut calculer les maux qui en auraient résulté?
Peut-être et sans doute aurions-nous à nous reprocher la mort
de quelques-uns de nos concitoyens, que la vengeance aurait
menés froidement à l'échafaud. Peut-être nous-même... Je
m'arrête... Éloignons ces pensées lugubres pour revenir à
Mautor.

Voyant sans doute que tous ses efforts étaient inutiles pour
faire triompher le parti de la municipalité et se voyant pour
ainsi dire abandonné par tous les artisans séduits et égarés,
il fut nommé, par les moyens des parents et amis qu'il avait à
Nérac, à une place de juge de ce tribunal. Que fit-il ? Que
ne fit-il pas là ? Peu m'importe. Tout ce que je puis dire, c'est
que son absence d'Aiguillon fut marquée par le calme, la tranquillité et l'union parmi les citoyens.

Je n'étais encore qu'assesseur du juge de paix lorsque la
Constitution civile du clergé (1) vint redoubler à Aiguillon
l'esprit de parti. D'abord le citoyen Dubois, curé d'Aiguillon (2), parut désapprouver ce serment. Il vint chez moi un

---

(1) La Constitution civile du clergé est du 12 juillet-24 août 1790. Le fameux
serment consistait à jurer « de veiller avec soin sur les fidèles du diocèse qui
lui est confié, d'être fidèle à la loi et au Roi et de *maintenir de tout son pouvoir
la Constitution* décrétée par l'Assemblée nationale et acceptée par le Roi. » Un
décret du 27 novembre-26 décembre 1790 obligeait tous les ecclésiastiques à
prêter ce serment.

(2) Jean-François Dubois était curé de Buzet, au diocèse de Condom, lorsqu'il
fut nommé curé d'Aiguillon le 8 novembre 1768. C'était au moment de la
Révolution, la meilleure cure du diocèse. Elle valait de 12 à 15,000 livres.
Dubois se fit représenter à l'élection des députés du clergé aux États-Généraux par le vicaire général Caulet, archidiacre de Marmande. Le 18 octobre
1789, il bénit le drapeau de la garde nationale. Il prêta les deux serments et
mourut vers 1796. (Note de M. Dubos.)

samedi. Après avoir discuté longtemps le danger du serment, il appuya son opinion de la conduite de plusieurs évêques et grands théologiens mentionnés dans *Le Mercure de France*, qu'il tira de sa poche et me donna à lire. Je n'étais pas fort sur les matières de cette nature et il ne lui fut pas difficile de me persuader. Mais quelle ne fut pas ma surprise lorsque le lendemain, jour de dimanche, étant encore chez moi, on vint me dire que le curé d'Aiguillon, avec les abbés Courrèges (1) et Duportal (2), ses deux vicaires, avait prêté le serment à la première messe (3) ! Ne pouvant le croire, je sortis et plusieurs personnes me confirmèrent le fait.

Il y avait à Aiguillon d'autres prêtres sujets au serment et qui n'avaient pas voulu le faire, entre autres les abbés Merle-Bellevue (4), Boudon-Lacombe (5) et Gardelle (6). Celui-ci

---

(1) Bernard-Alexandre Courrèges. né à Marmande, le 26 avril 1751, ordonné prêtre à Auch (10 mars 1777). vicaire à Aiguillon de 1777 à 1791. Il prêta, comme le dit Verdolin, le serment à la Constitution civile du clergé et fut nommé curé de Sainte-Bazeille à la place d'un insermenté. Il adhéra au Concordat en 1802 ; fut appelé à la cure de Gontaud, mais démissionna quelques années après et mourut le 7 janvier 1817. (Durengues : *Le Diocèse de Lot-et-Garonne*, p. 237, note 2). L'abbé Courrèges retracta son serment d'adhésion à la Constitution civile du clergé après la Terreur.

(2) Duportal, vicaire d'Aiguillon, de 1788 à 1791 (Alis, *op. cit.*, p. 353). Après le Concordat, il devint curé de Ségalas. Il mourut en 1822. (Archives de l'Evêché, L. 65). (Note de M. Dubos.)

(3) C'est, en effet, à l'issue de la messe que devait se prêter le serment d'adhésion à la Constitution civile du clergé.

(4) Thomas-Merle de Bellevue naquit le 31 janvier 1764 dans le diocèse de Bordeaux. Incorporé au diocèse d'Agen, il reçut la prêtrise à Auch en décembre 1789. Il était vicaire à Verdegas en 1790. Insermenté, il subit la déportation, mais rentra peu de temps avant la réorganisation du culte. Il se retira à Beauville. Sa fortune, assez considérable, lui permit de ne pas accepter d'emploi au Concordat. Il fut cependant nommé recteur de Perville en 1815.

(5) Voir plus haut une courte notice sur les Boudon-Lacombe.

(6) Pierre Gardelle naquit à Aiguillon le 25 décembre 1734, vicaire à Lagarrigue en 1767. Lorsque les Jésuites quittèrent le collège d'Agen, l'abbé Gardelle fit partie du nouveau personnel comme professeur de troisième. (*Revue de l'Agenais*. 1897. page 469, note). Curé du Bournat, le 19 novembre 1772, il démissionna le 9 septembre 1782. (Archives de l'Evêché, A. 40, p. 68). Etabli à Aiguillon en 1791, il y joua un rôle assez considérable. Insermenté, il dut s'exiler et fut inscrit le 7 juillet 1792 sur la liste des émigrés. A son retour en France, il se fixa à Agen, adhéra au Concordat le 24 août 1802. C'était, dit une note de l'Evêché, un prêtre « très instruit dans la science ecclésiastique, ayant beaucoup de zèle, mais un exalté.» Chanoine honoraire en 1803, il fut nommé chanoine titulaire en 1807.

acquérait de jour en jour plus de confiance que le curé. Déjà plusieurs personnes allaient abandonner son église pour suivre Gardelle et les autres prêtres insermentés aux religieuses (1) ou à l'hôpital. Déjà la jalousie du curé était à son comble.

Sur ces entrefaites, je fus nommé procureur de la commune (2). Déjà le curé Dubois, par ses prédications et ses exhortations publiques et particulières, exaspérait les esprits, principalement contre Gardelle et ceux qui s'étaient retirés de l'église. J'y étais resté avec ma famille, ne croyant pas qu'il m'appartînt de juger qui, des assermentés ou des insermentés, avait raison.

Une autre loi ordonna que les prêtres seuls qui avaient ou qui voudraient prêter le serment pourraient exercer et que la mobilier des maisons religieuses serait séquestré et inventorié, et les vases sacrés en or et en argent, enlevés pour être envoyés à Tonneins (3). Je me rendis, après beaucoup de persécutions de l'abbé Dubois et autres particuliers, aux religieuses où je fis l'inventaire ordonné, et je reçus deux ou trois vases en argent que je remis à la commune, qui ensuite les fit passer à Tonneins.

Le curé Dubois avait pour ainsi dire fanatisé quelques femmes et quelques hommes, entre autres les Coq, Fernande, Françoise Soulié, Sarradète, la Perruquière, etc... Ces femmes allaient souvent chez le curé, le soir ou dans la nuit. Le lendemain, elles venaient me dénoncer que Gardelle ou quelques

---

Au mois de mars 1808. M. Jacoupy, premier évêque concordataire d'Agen, le chargea de donner des leçons de théologie à certains ecclésiastiques disséminés dans la ville. Gardelle les groupa dans l'ancien couvent de la Visitation (aujourd'hui Petit Séminaire, rue Montesquieu.) La chapelle voisine, Notre-Dame du Bourg. fut annexée à son établissement le 19 octobre 1808, par décret impérial rapporté 81 ans plus tard. Le 6 novembre 1817, le Séminaire diocésain fondé par Gardelle abandonna l'ancien couvent de la Visitation pour aller s'installer de nouveau dans la belle maison des Lazaristes, où il se trouvait encore en 1906. Gardelle mourut le 26 février 1822. (Durengues, *op. cit.*, p. 230 et note de M. Dubos.)

(1) Verdolin veut parler du couvent des Filles de la Croix que nous avons mentionné en expliquant notre phototypie.

(2) Le 8 novembre 1791.

(3) Décret du 3-27 mars 1791, portant que l'argenterie des églises inutile au culte sera envoyée à l'hôtel des Monnaies. (Art. 1 et suiv.)

autres prêtres avaient fonctionné tantôt aux religieuses, tantôt à l'hôpital, tantôt dans des maisons particulières (1). Je paraissais toujours écouter leurs dénonciations avec intérêt ; je les renvoyais souvent en leur disant que leur dénonciation était trop vague pour pouvoir me transporter avec la force armée ; quelquefois, après avoir préalablement fait avertir dans les endroits où je devais aller, je m'y rendais avec la force armée ; je ne trouvais personne, ce qui me donnait occasion de me fâcher contre les dénonciateurs.

Plusieurs fois on m'a dénoncé que les offices se faisaient chez Gardelle avant jour. J'avais soin d'avertir qu'on serait veillé. Je prenais, en effet, quelques dénonciateurs avec moi ; je montais au haut de l'église des Carmes pendant la nuit, d'où on pouvait voir chez Gardelle. Personne n'y allait. Je me fâchais contre les dénonciateurs.

Un jour, comme j'étais à la commune, on vint me dire que Gardelle disait dans ce moment la messe chez les citoyennes Massac où il y avait beaucoup de monde, qu'il fallait y aller de suite (2). Lacaze du Padouen, officier municipal, était là ;

---

(1) Dans un petit « *cahier des procès-verbaux des dénonciations et des plaintes au corps municipal d'Aiguillon* », figurent les noms de quelques dénonciateurs et dénonciatrices, la demoiselle Lassarrade, épouse de Cugné, aubergiste, la femme Fernande, la fille Jonquière, la femme Argelos, Arnaud Molié, maître de bateau.

Les dénonciations allèrent quelquefois jusqu'au Département. C'est ainsi qu'à la fin de juin 1791 le directoire fut informé que le « sieur Gardelle, prêtre, et un autre prêtre ci-devant bénéficier se livraient, dans la ville d'Aiguillon, à des propos et des manœuvres qui tendaient à éloigner les citoyens de l'amour de la Constitution et porter le trouble et le désordre dans la société en répandant des opinions contraires aux lois de l'Etat ; que ces ecclésiastiques, non fonctionnaires publics, attiraient dans des églises autres que celles de la paroisse (chapelles de l'Hôpital et des Dames de la Foi) un grand nombre de femmes à qui ils persuadent qu'elles ne peuvent communiquer spirituellement avec leur pasteur légitime et avec ses vicaires ».

Le Département ordonna une enquête qui fut faite par le directoire du district de Tonneins et l'affaire n'eut pas d'autres suites. (Archives départementales. Fonds du district de Tonneins.)

(2) C'est le 22 janvier 1792 que ces incidents se passèrent. Le *Cahier des dénonciations* contient un procès-verbal de l'affaire absolument identique au récit de Verdolin. C'est la femme de l'aubergiste Cugné qui vint dénoncer les non-conformistes à Verdolin, Lacaze du Padouen et Coq jeune, dont l'auteur des *Mémoires* ne parle pas. Le procès-verbal signé du procureur de la commune et des deux officiers municipaux a été publié par M. Alis, *op. cit*, p. 413.

un piquet de la garde nationale avait été mené par les dénonciateurs. Nous partons et je crus bien alors que Gardelle serait surpris. Lacaze ne désirait pas plus que moi de le trouver. Nous convenons que nous entrerons seuls et que nous laisserons la garde nationale sur les portes et sur les avenues. Nous frappons ; Thérèse Massac, tremblante, vient ouvrir. Nous lui demandons si on ne dit pas la messe chez elle. Elle répond que oui, que c'est l'abbé Barrier qui la dit (1). Elle nous quitte et tombe en pâmoison. Nous entrons seuls dans une salle, à côté de celle où on disait la messe. Nous y restons jusqu'à ce que tout fût fini. Nous nous présentons à l'abbé Barrier qui se prépare à nous suivre et se livre à nous. Nous nous bornons à lui représenter son imprudence et celle des citoyennes Massac (2), présentes et tremblantes. Nous sortons. Un grand concours de monde était devant la porte et sur la promenade ; les murmures et les menaces éclataient. Je parle, je dis qu'on n'a pas trouvé l'abbé Gardelle, mais bien l'abbé Barrier, qu'il n'y avait dans la maison que la famille de Massac. Quelques-uns voulaient entrer pour aller visiter ; je m'y oppose ; je ferme moi-même la porte. Le concours me suit jusqu'à la commune. Je le renvoie en lui disant que l'abbé Barrier était un homme trop respectable et trop vieux pour avoir osé le prendre, mais que nous le trouverions quand nous voudrions. Je vis avec plaisir que les dénonciateurs furent forcés d'applaudir.

------

(1) Louis-Henri Raymond Barrier, vicaire de Mérens, fut nommé chapelain de Montilange en 1770, puis vicaire de Ste-Foy, de la cathédrale St-Etienne ; il fit le service de Saint-Vincent-des-Corps, fut nommé prébendé de la cathédrale et chapelain de Labarthe le 25 février 1783, vicaire de Saint-Hilaire, curé de Saint-Cirq le 18 juin 1790, après le décès du desservant Bory. Il refusa de prêter le serment, fut reclus à Paulin et autorisé à transférer son domicile à Aiguillon (Archives départementales, Inv., page 173). On lui reprocha devant l'administration municipale de venir souvent de Saint-Cirq à Agen pour soulever des schismes et attaquer les prêtres assermentés. On affirma qu'il abusait dans le même but du tribunal de la pénitence (20 mars 1791, Archives municipales d'Agen). Ses biens furent séquestrés. Il mourut pendant la Révolution. (Durengues : *Pouillé du diocèse d'Agen*, page 188, et note de M. l'abbé Dubos.

(2) Mlle Thérèse de Massac avait été supérieure de l'hôpital d'Aiguillon. Elle démissionna en décembre 1791. Le 4 avril 1793, elle fut regardée comme suspecte et consignée dans sa maison. En l'an IV, elle fut réinstallée comme « hospitalière par l'administration cantonale d'Aiguillon ». (Alis, *op. cit.*, pages 370, 398, 410, 413, 428 et 465.)

Quelque temps après, et vers dix heures du soir, par une pluie et un temps des plus affreux, un piquet de la garde nationale de Sainte-Radegonde conduisit à la commune l'abbé Preyssas (1) sous prétexte qu'il avait été trouvé confessant un malade. La commune fut, dans l'instant, remplie de monde. Les uns disaient qu'il fallait le mettre au cachot ; les autres, s'en défaire. Je parle, je fais faire silence, j'interroge Preyssas. Il me répond qu'il se représente être Jésus-Christ mené devant Pilate. Je ris de sa réponse ; les murmures augmentent. Je fais semblant de prendre son interrogatoire par écrit ; je dis que je vais prendre la déposition de la garde nationale. Il était déjà minuit ; presque tout le concours s'était retiré. Alors, comme Pilate, je déclare que Preyssas n'est pas convaincu ; je le mets en liberté et cependant je le prie de ne pas être le lendemain dans la commune et de se retirer dans la sienne ou ailleurs.

On venait de commettre à Clairac un assassinat contre l'abbé Lauga (2) ; je craignais que pareille chose n'arrivât à Aiguillon, tant on cherchait à exaspérer le peuple, principalement contre Gardelle, à qui le curé d'Aiguillon imputa de lui avoir jeté un pot de chambre sur la tête, au moment qu'il passait. Je fis des perquisitions ; rien ne fut prouvé.

Un jour, la municipalité du Port envoya un courrier extraordinaire à celle d'Aiguillon, à l'effet de lui envoyer du secours pour arrêter une émeute dans laquelle le malheureux Moncroc venait d'être tué (3). Je fais partir de suite un détachement

---

(1) Preysas (J. P.), né à Hautefage le 7 mars 1756, ordonné prêtre à Agen le 21 décembre 1782, vicaire d'Aiguillon, il desservait Gouts et Sainte-Radegonde au moment de la Révolution. (Archives départementales, L. 42, p. 185 et suivantes). En 1791, il refusa de prêter le serment et fut destitué comme non-conformiste le 29 juin. Au Concordat, il fut nommé à Tombebœuf, en 1803, et en 1819 recteur à Hautefage, où il mourut en 1836. Une note de l'évêché, rédigée lors de l'installation de M. Jacoupy, le dépeint comme ayant « de bonnes mœurs, des talens médiocres, exagéré dans ses principes, d'un rigorisme calculé dans ses intérêts et d'un caractère fort intolérant ».

(2) Lartigue-Lauga avait été assassiné à Clairac, le 20 juillet 1792, par la populace ameutée. Né à Clairac le 1er août 1738, il avait fait ses études au séminaire de Toulouse. Ordonné prêtre en 1778, il était, au moment de la Révolution, directeur ou confesseur des religieuses du Paravis et de Fongrave (Voir Durengues, op. cit., p. 247).

(3) Gripière de Moncroc fut tué le 8 mai 1792 à coups de fusil. Il avait pris

de la garde nationale avec le détachement de Champagne (1) qui était ici. Quelques-uns de nos gardes nationaux envoyés au Port avaient été exaltés, animés jusques là qu'on prétend que l'un d'eux, Jolet fils, avait coupé et emporté une des oreilles de Moncroc. Ils arrivent; je me trouve sur la place d'armes ; je vois des femmes, entre autres la Sarradète, la Perruquière, etc., courant les rangs, animant la troupe, l'exhortant à ne pas poser les armes et à les suivre au Lot, chez Cuve où était l'abbé Soulié (2) avec un autre prêtre. Je craignis les effets de cette démarche; je me présente, j'exhorte la troupe à déposer les armes, prétextant qu'elle devait être fatiguée. Quelques-uns veulent y venir ; j'ordonne que non ; je me présente aux femmes qui étaient en grand nombre; je leur dis de me suivre pour aller visiter chez Cuve. J'allais doucement. Arrivé à la halle, je dis aux femmes de rester là pour qu'on ne suspectât rien et qu'on n'eût pas le temps de faire esquiver les prêtres, qu'elles pourraient venir quand je serais rentré. Arrivé chez Cuve, je frappe, on ouvre ; je referme la porte sur moi ; je dis que s'il y a des prêtres dans la maison de les faire esquiver de suite. Cela était déjà fait ; les femmes arrivent. Je vais moi-même leur ouvrir la porte ; je n'en laisse entrer que cinq ou six des plus décidées ; je fais semblant de chercher avec elles ; nous ne trouvons rien et nous nous retirons.

---

parti pour le citoyen Bayle, que l'on voulait désarmer comme n'étant pas inscrit sur le registre de la garde nationale. Il avait refusé lui-même de se laisser désarmer et, après avoir, répondu aux sommations par deux coups de pistolet qui ratèrent, il avait été tué d'un coup de fusil, d'après un récit de l'incident, de plusieurs coups de fusils d'après un rapport sur l'état du cadavre (Voir G. Tholin, *Revue de l'Agenais*, 1899, p. 150).

(1) Le régiment de Champagne est devenu le 7e régiment d'infanterie en résidence à Cahors. Un détachement de ce corps et de la garde nationale d'Aiguillon fut en effet envoyé à Port-Sainte-Marie pour aider au rétablissement de l'ordre. Bayle, cause première de la mort de Gripière-Moncroc, ne fut pas atteint par la décharge qui abattit ce dernier. Mais il ne perdit rien pour attendre : il porta sa tête sur l'échafaud du farouche « sanguinocrate » Lacombe, à Bordeaux.

(2) Michel-Mathieu Soulié, né le 9 janvier 1733, curé d'Arpens avant la Révolution. Il préta le serment, puis se rétracta. A l'organisation du culte, il fut nommé desservant de Lusignan-Petit, mais il démissionna peu après et revint desservir Arpens, où il mourut en 1821. (Note de M. Dubos.)

Une loi venait d'ordonner que les prêtres fonctionnaires publics et autres qui voudraient rester en France seraient obligés de prononcer une espèce de serment civique (1). D'abord, les prêtres Gardelle, Mautor, Laumont (2), Doazan (3), Barrier, Bellevue, Boudon, Soulié, etc., parurent s'y refuser. Après avoir tenté tous les moyens pour les y décider, je me déterminai à aller prier Gardelle, que je regardais comme le chef, de passer à la commune. Il y vint. Après de longs débats, dans lesquels je ne brillai pas pour ce qui concerne la religion, Gardelle étant un des plus instruits de son état, nous nous séparames sans avoir rien pu obtenir. Cependant [poussé par] le désir que j'avais que ces prêtres ne nous quittassent pas, je me déterminai à aller chez l'abbé Gardelle que je pris par les intérêts les plus sensibles de sa famille, de ses concitoyens ; en un mot, comme si j'eusse eu l'autorité suprême en mains, je lui promis qu'il ne serait pas inquiété et que la municipalité le protégerait de tous ses moyens. Le prêtre parut se rendre à mes sollicitations et à mes promesses. Il promit de faire le serment demandé. Je me rendis de suite chez les prê-

---

(1) Le décret du 27 mai 1792 portait condamnation à la déportation des prêtres insermentés. Le serment civique dont parle Verdolin, c'est celui de *liberté et d'égalité* décrété le 14 août 1792. Il fallait promettre de défendre jusqu'à la mort ces deux principes primordiaux de la Révolution. Beaucoup d'ecclésiastiques distingués qui avaient refusé de prêter le serment d'adhésion à la Constitution civile du clergé — jugée schismatique — n'hésitèrent pas à prêter un serment ayant un caractère purement politique. Nous ne voulons prendre pour exemple que les prêtres aiguillonnais cités par Verdolin.

(2) Laumont ou Léaumont, né à Aiguillon le 9 juin 1758, ordonné prêtre à Vabres le 7 septembre 1781, chapelain de Montpezat en résidence à Aiguillon ; il s'exila en Espagne et ne prêta pas le serment constitutionnel. Rentré en France, il adhéra au Concordat et fut nommé recteur de Sainte-Radegonde qu'il quitta pour devenir directeur au grand séminaire et chanoine honoraire en 1825. Retiré chez les Filles de Marie à Agen, second directeur d'Adélaïde de Trenquéléon, leur fondatrice, il mourut le 5 septembre 1827.

(3) Doazan (J.-B.-Barthélémy) né le 13 juillet 1739, vicaire à Saint-Pierre de Nogaret et à Saint-Vincent de Port-Sainte-Marie, aumônier de l'hôpital de cette commune, chapelain de Montpezat. Il ne prêta pas le serment à la Constitution civile et se retira en Espagne. Il fut inscrit sur la liste des émigrés le 7 juillet 1793. De retour en France, il se fixa à Aiguillon, fut nommé curé de Saint-Brice en 1803, mais n'accepta pas ce poste à cause de ses infirmités. Il mourut en 1816. Une note de l'évêché le représente comme « un ecclésiastique ayant peu de moyens, mais vertueux ». (Note de M. Dubos.)

tres Barrier, Laumont, etc., qui après beaucoup de résistance promirent de suivre l'exemple de Gardelle, et, en effet, ce serment fut prêté le même jour par tous les prêtres d'Aiguillon qui, jusques-là, l'avaient refusé.

Bientôt j'eus l'occasion de me convaincre combien j'avais été imprudent de leur assurer la tranquillité. Dubois ne cessait de les faire persécuter. Ils étaient hués, bafoués partout où ils passaient. Ils n'osaient plus paraitre. Ils vinrent enfin demander leurs passeports, que je leur fis accorder, et quelques-uns d'entre eux, arrivés sur la frontière, firent signifier par Lacoste, huissier, à la commune d'Aiguillon la rétractation de leur serment civique.

De nouvelles assemblées eurent lieu à Aiguillon comme ailleurs pour la nomination des électeurs. Je fus nommé. Mes co-électeurs, avant de partir, formèrent le projet, sans que j'en fusse instruit, de travailler à l'assemblée électorale pour me faire nommer député à la Convention. En chemin, ils me communiquèrent leurs projets. Je fis mes efforts pour leur en faire sentir le ridicule et l'impossible. Ils me déclarèrent vouloir persister. Je leur dis, avec raison, que mes lumières et mes moyens ne me permettant pas d'espérer ou d'accepter — si, par impossible, j'étais nommé — une telle place et qu'ils me forceraient à la refuser.

Arrivés à Nérac au logement qui nous était destiné, un certain Bordes, cordier de Nérac, vint nous voir et nous dit que son ami Dubouil, d'Aiguillon, lui avait écrit pour l'engager à faire nommer député Verdolin, dont Dubouil faisait le plus grand éloge. Je crus devoir remercier Bordes et le prier de ne se donner aucun mouvement, parce que, à coup sûr, si je venais à être nommé, je refuserais, mes lumières et mes moyens ne me permettant pas de tromper ainsi la confiance publique. Voyant que mes co-électeurs persistaient et cherchaient à réaliser leurs projets, quoique je fusse comme certain qu'ils ne réussiraient pas, je me déterminai à prier mes amis et les connaissances que j'avais dans cette assemblée de barrer les projets de mes concitoyens, et alors je n'eus dans l'urne que leurs suffrages (1). Je n'ai parlé de ceci que pour rappeler dans le temps la lettre de Dubouil, à laquelle je dois, je pense, la vie.

De Nérac, l'assemblée électorale se transporta à Casteljaloux (2) pour la nomination du Département. Là, furent lues deux lettres, l'une de Vidalot, l'autre de Paganel, lors députés à Paris qui, après une énumération de faits, déclarent que la Législative était sous le poignard des assassins de Paris et exhortent le Département, en la personne, des électeurs, de s'armer pour aller les délivrer (3). Je ne rapporte également cette anecdote que pour la rappeler dans la suite.

L'assemblée générale des électeurs du département s'étant dissoute à Casteljaloux, les électeurs se réunirent particulièrement dans leurs districts respectifs pour nommer les membres de leur administration, juges, curés, etc. Je me rendis donc à Tonneins où d'abord je fus nommé secrétaire-rédacteur des opérations de l'assemblée et puis procureur-syndic du district. Par l'intrigue de Nugues aîné, Carrion y fut nommé directeur de la poste aux lettres d'Aiguillon (4). Je dois dire ici que

---

(1) L'assemblée électorale chargée de procéder à la nomination des députés de Lot-et-Garonne à la Convention, dont parle ici Verdolin, se réunit le 2 septembre 1792 à Nérac, dans l'église paroissiale. Les opérations électorales prirent jusqu'au samedi 8 septembre. Elles étaient présidées par Blaise Laurent. Furent élus députés dans l'ordre : Vidalot, Laurent, Paganel, Claverie, Laroche, Boussion, Guyet-Laprade, Fournel et Noguères. Suppléants : Perribère, Cabarroc et Duniagon.

(2) Les co-délégués de Verdolin élus par le canton d'Aiguillon pour procéder à la nomination des corps administratifs du département étaient Laffitte, Barrier, Nugues, Turpin et Beaupré. Les électeurs se réunirent du 11 au 14 novembre 1792 sous la présidence du citoyen Constant, vicaire cathédral. Il s'agissait d'élire un procureur général syndic, 8 membres du directoire et 28 membres du conseil du département ; 1 président, l'accusateur public, 1 greffier du tribunal criminel.

Furent élus : *procureur général syndic*, Coutausse, par 247 voix contre 177 à Vacquié ; *membres du directoire :* Latour-Lagravère, 342 voix, Crébessac aîné, 298 ; Sainte-Marie, 239 ; — au second tour, Lamarque, 302; Durand, 200 ; Perribère, 140 ; Lapeysounie, 144, Lacoste, 181. (Voir, sur ces diverses élections, Archives départementales : fonds du district de Casteljaloux.)

(3) Les deux lettres de Vidalot et de Paganel ne sont pas mentionnées au procès-verbal officiel de l'élection conservé aux archives départementales.

(4) L'assemblée électorale du district de Tonneins se réunit dans l'église de Notre-Dame de Mercadieu. Dubois, maire de Tonneins, religieux devenu pasteur protestant, présidait en sa qualité de doyen d'âge. Il fut ensuite élu président par 24 voix sur 51 votants. Verdolin, comme il prend soin de nous l'in-

Nugues, se méfiant sans doute de moi, était toujours derrière ma chaise pendant cette élection ; ce que voyant, je le priai de faire mon billet que je ne voulus pas voir et que je remis dans l'urne tel qu'il me l'avait donné. Je ne parle également de ceci que pour le rappeler dans le temps.

---

diquer lui-même, fut choisi comme secrétaire provisoire, puis définitif par 27 voix (18 novembre 1792). Ce même jour, on passa au vote pour l'élection du *procureur syndic*. Le premier tour de scrutin ne donne aucun résultat et circonscrit la lutte entre Farcit-Calbiac et Verdolin qui finit par l'emporter au second tour par 33 voix sur 60 bulletins exprimés et 62 votants.

Le 19 novembre furent élus *membres du directoire* du district : Farcit-Calbiac, Crébessac, Delpech, maire de Laffite, et Harmand, juge de paix de Lacépède.

Membres du *Conseil de district* : Nugues aîné, Artières, Tapol, Bourges, Josenque, Laborde, Vincent et Paul Geneste.

Les 19 et 20 novembre, furent élus *juges au tribunal* du district de Tonneins dans l'ordre : Brunet-Latuque, ancien constituant, Venés, Dubosc, Borderie, juge de paix de Clairac, Florans, d'Aiguillon. Suppléants : Brillon, Dubois, maire de Tonneins, Paul Geneste, Vigneron aîné. Marraud, nommé *commissaire national* près le tribunal du district, s'étant retiré, fut remplacé par Séré-Lanauze.

Le 21 du même mois, le *bureau de conciliation* se trouva ainsi composé : Desclaux, Henry Arthaud, Girodeau, que nous retrouverons, Jauffret, curé de Tonneins, Mathé et Aché.

Enfin Carrion fut élu *directeur du bureau de poste* d'Aiguillon, pendant que la veuve Meleau était désigné pour Clairac et Henry Arthaud, le futur adversaire de Verdolin, pour la ville de Tonneins.

CHAPITRE III

LA RÉVOLUTION A TONNEINS
(1792-1793)

Verdolin, à Tonneins, prend parti contre la municipalité et le parti jacobin
représenté par Jouan le Jeune. — Affaire des tabacs : les dénonciations de
Jouan. Lutte entre la municipalité et le district. Verdolin craint de se
trouver « sur la crête d'un volcan ». Il dénonce la municipalité. — Le
mobilier du duc d'Aiguillon ; dispute entre Verdolin et le commissaire du
département. — Réquisition de volontaires. — Garrau et Paganel en
mission. — Sectarisme de Jouan. — Comité de surveillance ; Verdolin
supprime les dénonciations. — La correspondance secrète de Peynaud,
ci-devant curé. — Jouan accuse Verdolin d'être le protecteur des aristocrates. Dénonciations du pasteur Dubois. — Menaces de la force armée
bordelaise. — Incidents relatifs au passage d'un bataillon de chasseurs.
— Formation d'un club politique contre Jouan. — Congrès de sociétés
populaires à Toulouse. — Arrivée à Tonneins des représentants du peuple
en mission, Baudot et Ysabeau. Verdolin essaie de répliquer à leurs discours
violents. Destitution de Brunet-Latuque, président du tribunal révolutionnaire, et de Verdolin, procureur-syndic du district.

Surpris d'avoir ainsi été nommé procureur-syndic (1) sans
m'y attendre, au préjudice de plusieurs autres plus instruits
que moi, je vis les écueils et les dangers de la nouvelle car-

____

(1) Le décret du 22 décembre 1789-janvier 1790, qui avait créé les procureurs
syndics, avait également déterminé les formes de leur élection, leurs fonctions
et attributions. Ils étaient élus pour 4 ans et rééligibles pour 4 ans de plus,
avaient voix consultative, étaient entendus sur chaque affaire et chargés de la
suite à y donner conformément aux décisions du conseil et du directoire du

rière qui s'ouvrait devant moi dans une ville agitée depuis longtemps par deux partis également forts et puissans (1), à la tête d'un desquels étaient Jouan, Henry Arthaud et Dubois, que j'ai appris depuis avoir puissamment concouru à ma nomination (2). J'hésitai longtemps, même chez moi, entre l'acceptation et le refus. Enfin je pars et j'arrive à Tonneins pour occuper la place. Le jour même de mon arrivée, qui était un jour de fête publique, j'eus le bonheur, plutôt par ma présence que par l'éloquence de ce que je pus dire en public, de réunir les deux partis, d'aller ensemble à l'église catholique chanter un *Te Deum* en action de grâces de la réunion et de faire embrasser les chefs des deux partis. Un repas fraternel suivit, le soir, cette réconciliation sur la place publique (3).

district. Leurs attributions furent confirmées et augmentées par les décrets des 9-25 juillet 1790, 2-17 mars, 15-27 mars, 26 juillet-27 août 1791, etc...

Le décret du 2-11 septembre 1790 avait fixé leur traitement, pour les villes, comme Tonneins au-dessous de 20.000 habitants, à 1.6 0 livres. Les membres du directoire touchaient 900, le secrétaire, 1.200 livres.

Le procureur-syndic, dans l'exercice de ses fonctions, portait en sautoir un ruban tricolore et une médaille en métal blanc portant ces mots *Respect à la loi* et rattachée au ruban tricolore par une tresse et deux glands blancs.

(1) La ville et le district de Tonneins furent très agités pendant la Révolution. C'était le centre le plus jacobin du département. A Valence et à Auvillars, dans l'autre partie du Lot-et-Garonne, les feuillants et les aristocrates dominaient. A Tonneins, les sans-culottes amis de Jouan le Jeune furent, comme l'indique Verdolin, de véritables terroristes. Il suffit, pour s'en rendre compte, de parcourir la série des délibérations du club populaire, qui nous ont été heureusement conservées. Jugeant que leur commune devait honorer le jacobinisme triomphant et pour imiter bon nombre d'autres localités, ils obtinrent que leur ville s'appelât Tonneins-La-Montagne (décret du 27 septembre 1793). (Bonnat, *Inventaire de la série L*, tome 1, page 41 a). En l'an III, d'après un recensement conservé aux archives départementales, la population de Tonneins atteignait 5.941 habitants ; celle du district, composé de 34 communes : 42.745. (Bonnat, *Inventaire de la série L*, page 152 a). En l'an II, d'après une autre statistique, la ville comptait 6.125 âmes.

Sur les deux partis qui agitaient la ville voir Bonnat, *Les troubles de Tonneins en 1792 et 1793. Verdolin et Jouan le Jeune, dit Marat (Revue de l'Agenais* 1905, pages 164 et suivantes).

(2) Le pasteur Dubois, maire de Tonneins, présidait comme doyen d'âge les opérations électorales du district en 1792. C'est lui qui désigna Verdolin comme secrétaire provisoire. Ce choix fut confirmé par un vote de l'assemblée. Nous avons vu au chapitre précédent comment l'auteur des *Mémoires* fut élu secrétaire définitif, puis procureur-syndic.

(3) Verdolin exagère singulièrement le rôle qu'il eut à jouer et les conséquences heureuses de son arrivée. Lors des élections municipales, le 2 décem-

Cependant ceux qui, mieux que moi, connaissaient Jouan, Dubois et compagnie me témoignèrent le lendemain (1) qu'il ne fallait pas trop se fier à cette simagrée de réconciliation, que c'était un piège tendu à ma bonne foi pour m'induire et me tromper. Pétiton-Laffiteau (2), un de mes amis, m'ajouta même que tout ce qui était honnête à Tonneins avait tremblé en apprenant ma nomination et que certaines familles se disposaient pour se retirer à la campagne. Je fus vivement affecté, je l'avoue, qu'une si mauvaise réputation m'eût précédé dans l'esprit des gens honnêtes. J'en attribuai la cause à la malignité de quelques-uns de mes concitoyens. Je le priai de rassurer ses concitoyens et de leur dire que je mourrais plutôt que de souffrir qu'il leur fût fait aucune injustice, si ma place me permettait de l'éviter.

Boc (3), jeune homme instruit et honnête, mon prédécesseur,

bre 1792, de violents incidents s'étaient produits, des coups avaient été échangés entre les principaux champions des deux partis. Une enquête faite sur place, les 3 et 4 décembre, par deux membres du conseil du département, Durand et Laliman-Varenne, amena un semblant de réconciliation générale. Une fête civique fut organisée, dans ce but, par la municipalité. Elle eut lieu le 9 décembre, et c'est à elle que fait allusion le nouveau procureur-syndic de Tonneins, qui tout fraîchement débarqué, dut naturellement y prendre la parole. Le discours qu'il prononça ne nous a pas été conservé, mais nous savons que Jouan le Jeune, dans une allocution qui eut les honneurs d'une séance au conseil du département, y déclama longuement dans le style original, emphatique, émaillé de citations bibliques, qui lui était particulier et qui faisait vibrer les sans-culottes tonneinquais. (Bonnat, idem, *Revue de l'Agenais*, 1905, pages 166 et suivantes). Verdolin s'attribue donc à tort l'honneur d'avoir « réuni les deux partis ». Il arriva après la bataille, au moment où l'on signait l'armistice.

(1) C'est le lendemain de cette fête civique, le 10 décembre 1792, que Verdolin remplit pour la première fois au directoire du district les fonctions de procureur-syndic. Crebessac jeune, Harmand, Girodeau et Farcit étaient membres du directoire. Girou y remplissait les fonctions de secrétaire. (Archives départementales de Lot-et-Garonne, série L., fonds du district de Tonneins.)

(2) Ce Petiton-Laffiteau avait un certain talent de chanteur. Il se faisait entendre volontiers à la société populaire des *Amis de la Liberté et de l'Egalité*. C'est ainsi, par exemple, que le 26 décembre 1792, il interprète une chanson patriotique nouvelle et chante un duo avec Jouan le Jeune, qui, décidément, avait tous les talents et s'essayait dans tous les genres.

(3) Boc était procureur-syndic du district de Tonneins depuis le 20 juin 1790. Il cessa ses fonctions le jour même où Durand et Laliman-Varenne vinrent procéder à une enquête sur les troubles de Tonneins (1 décembre 1792). Il avait été l'objet au conseil du département d'une dénonciation de Barenne-

qui jusques-là s'était présenté à moi avec les sentimens de mépris qu'il paraissait avoir dans le cœur, vint le lendemain pour me remettre les clefs d'un bureau où était renfermée une grande quantité de tabac appartenant à la nation. Je lui représentai que, quoique intimement convaincu que lui ni personne eussent violé le dépôt, mais instruit cependant des mauvaises chicanes que Jouan et consorts venaient de lui faire éprouver en raison de ce, il serait imprudent et pour lui et pour moi de m'en charger, sans préalablement l'avoir fait vérifier par les nouveaux membres du district. Boc goûta mes raisons, garda les clefs et se retira après m'avoir fait mille honnêtetés et m'avoir offert de la manière la plus pressante ses services dans l'exercice de ma charge. Je répondis à son honnêteté et Boc parut se retirer content de moi, puisque j'ai appris de lui qu'en me quittant il était allé dans les meilleures maisons de la ville dire qu'on fût tranquille, que je n'étais pas tel qu'on m'avait dépeint, qu'il voyait que je serais un homme juste, ferme et honnête.

J'appris qu'on se disposait à me faire visite. Je fis prier de n'en pas faire pour ne pas jeter les semences de la suspicion contre moi. Quelques-uns, malgré cela, se hasardèrent de venir. Je fis dire que je n'y étais pas, ou si on me trouvait, je priais de ne pas être scandalisé si je ne rendais pas la visite pour ne pas demeurer exposé au soupçon dans les occasions qui pourraient se présenter. Je fis faire la même demande et la même réponse au parti de Jouan. Bref, je ne reçus que la municipalité de Tonneins (1).

Dès que les membres du directoire et du conseil du district

Faurès pour une adjudication irrégulière (*Inventaire de la série L*, t. ɪ, pp. 29 *a* et 29 *b*). Après avoir quitté la ville, il devint membre du conseil général de la commune du Mas-d'Agenais.

(1) Cette municipalité, dont Jouan le Jeune était l'âme, était ainsi composée :
Maire : Bonnegarde, élu le 3 décembre 1792 par 292 voix sur 366 votants.
Officiers municipaux (élus le 4 décembre) : Souilhagon, Rolland, Girodeau, Blavignac, Bertrand, Laperche, Lacoste et Justament.
Procureur de la commune : Jouan le Jeune, élu le 5 décembre par 7 voix contre une au citoyen Bareyre.
Notables (élus le 5 décembre) : Dupouy, Dumas, Dalliès, Cazenoves, Bareyre,

furent réunis, je me hâtai, conformément au désir de l'ancien
directoire et de mon prédécesseur, de faire délibérer que les
tabacs de la manufacture seraient vérifiés. En conséquence,
Nugues aîné et Bourges, membres du conseil du district,
furent nommés commissaires à l'effet de cette vérification, à
laquelle ils procédèrent (1) pendant plusieurs jours à grands
frais. Après quoi, je reçus l'état du poids et de la quantité
avec les clefs. Je reçus enfin, par l'intermédiaire du Département un ordre du Ministre pour la vente de ce tabac (2). Je
fis rendre non seulement le directoire, mais encore le conseil du district, à l'adjudication qui se fit de ce tabac, qui fut
divisé en plusieurs lots. Il en fut réservé une quantité pour
être vendue en petits lots ou même au détail jusqu'à l'entière
livraison. J'ai appris depuis que Nugues et Bourges, commissaires encore nommés pour la livraison de ce tabac, avaient,
par le moyen d'un prête-nom, eu l'adjudication de tous les
tabacs invendus, d'après les adjudications déjà faites, c'est-à-
dire le reste à tant le quintal. Je déclare que j'ai été souvent
au bureau pendant la livraison, que j'ai fait prendre plusieurs
livres de tabac, de celui qu'on détaillait, pour envoyer à Aiguillon à ceux qui m'en demandaient ou qui en demandaient à
mon épouse ; que jamais je ne suis sorti du bureau sans y
avoir payé au préposé au détail le prix de ce que j'y avais
pris, jusques-là qu'il m'est arrivé plusieurs fois, après m'être
fait peser du tabac pour mettre dans ma boite, de le payer
malgré que le détailliste m'exhortât à le prendre sans payer.
Cependant j'ai eu le mal au cœur d'apprendre dans la suite

Boudon, Normand, Passet, Paul Bareyre, Augier, Coutin, Valentin, Labarthe,
Henry Arthaud, Aubré. Chardon, Jolis et Lamothe.

C'est contre elle que devait lutter Verdolin, soutenu par le district. (Arch.
dép. de Lot-et-Garonne, série L. District de Tonneins.)

(1) Cet inventaire fut terminé en janvier 1793. (Arch. dép. de Lot-et-Garonne,
série L, fonds du district de Tonneins.)

(2) La vente de ces tabacs donna lieu à un échange de lettres entre Verdolin
et le Département. Le 4 mars 1793, le procureur-syndic demandait encore au
directoire l'autorisation de vendre. Le 15 avril, il annonçait que tous les
tabacs étaient enfin vendus au prix de 130 livres le quintal. Les principaux
acquéreurs furent les citoyens Passet, Fauché, Cazeaux et Azam, de Toulouse.
(Archives dép. de Lot-et-Garonne, série L, fonds du district de Tonneins.)

que j'étais accusé d'avoir connivé avec Nugues et Bourges pour acheter le reste, que ce reste était indéfini et m'avait produit des sommes considérables pour ma part. Je me bornai, comme je me borne aujourd'hui, à répondre que j'ignorais que Nugues et Bourges eussent enchéri, puisqu'ils se servaient d'un prête-nom, que ce n'était pas à moi à les surveiller dans la première vérification qu'ils firent, qu'ils étaient les commissaires du conseil général du district, que s'ils avaient malversé dans cette vérification en portant moins de tabac qu'il n'y en avait en effet et que s'ils avaient profité de ce surplus, quelque considérable qu'il pût être, par l'acquisition qu'ils firent indéfiniment du reste à tant le quintal, je ne pouvais être aucunement suspecté de connivence, parce qu'il me suffirait de pouvoir balancer le produit de la vérification avec le produit de la livraison qui donnait un quintal quelques livres de bénéfice d'après les états remis aux archives du district (1).

Chaque jour était marqué par des services particuliers que je rendais indistinctement aux membres des deux partis qui, malgré la réconciliation apparente, étaient encore bien divisés et se surveillaient l'un l'autre.

Souvent Jouan, Arthaud, Dubois, membres de la municipalité de Tonneins, et autres, membres d'une société particulière (2), venaient me faire des dénonciations contre certains membres de l'autre parti, tantôt pour cause de fanatisme, tantôt pour cause d'aristocratie, etc. Toujours je les exhortais à la tolérance et à la simple surveillance de ce qui pourrait être fait contre le gouvernement. Mes exhortations déplaisaient, leur confiance en moi diminuait. Enfin ils se

----

(1) Ces états sont conservés aux Archives de Lot-et-Garonne série L (Fonds du district de Tonneins). Ils confirment l'exactitude et la véracité du récit de Verdolin.

(2) Il s'agit de la Société populaire dont Jouan le Jeune était l'âme et l'orateur favori : *Les Amis de la Liberté et de l'Égalité*, qui avaient pour devise l'exergue révolutionnaire bien connue : *Vivre libre ou mourir*. Ce club politique dont les délibérations nous ont été conservées (Arch. départ. série L) avait été fondé en 1790, le 30 décembre, et il dura jusqu'à l'an III. Verdolin y fut naturellement admis et prêta le serment requis le 18 décembre 1792.

décidèrent à faire arrêter et emprisonner deux malheureux artisans sous prétexte qu'ils n'allaient pas à la messe du prêtre constitutionnel (1). Instruit de cela par la dénonciation qui m'en fut faite par les parents des détenus, j'envoie prier la municipalité de Tonneins de passer dans mon bureau. Jouan et Dubois y viennent. Je leur observe, et surtout au dernier qui était ministre protestant, combien il était ridicule de vouloir forcer les citoyens d'avoir confiance à tel ou tel ministre. Je lui demande pourquoi lui-même ne va pas à la messe et n'y conduit pas ses croyans. Il répond et bat la campagne. Je les exhorte à faire mettre de suite les détenus en liberté. Ils insistent. Je les menace de faire convoquer le directoire, de faire ma dénonciation contre eux et de les faire punir, attendu qu'il n'y avait pas de loi qui forçât ainsi les citoyens. Ils se retirent en murmurant et vont faire mettre les citoyens en liberté (2).

Cependant une loi ordonne la proclamation de la République aux formes les plus solennelles dans toutes les communes et principalement aux chefs-lieux de district. Je fis inviter toutes les autorités constituées de Tonneins et particulièrement la municipalité pour se rendre comme d'usage au district et, de là, à l'arbre de la liberté. Je fus informé que la

---

(1) Jauffret, curé constitutionnel de Tonneins, qui, lui aussi, finit par être en butte à l'hostilité de Jouan. Sur ce dernier personnage qui sera le grand adversaire de Verdolin, voir l'introduction qui précède les *Mémoires*. Quant à Jauffret après avoir été l'un des piliers de la fameuse société populaire de Tonneins, après avoir été cité comme exemple aux prêtres constitutionnels du district, il avait été rayé des *Amis de la Liberté et de l'Egalité*, sur la proposition de Jouan. « Prêtres assermentés ou insermentés, disait à cette occasion l'ancien secrétaire du ci-devant marquis de Flamarens, sont de mauvais citoyens. » Les portes de la Société ne tardèrent pas cependant à se rouvrir devant Jauffret. Mais le 11 juin 1793 il eut le courage de protester, en pleine séance, contre les attaques visant les Girondins et d'affirmer ses sentiments relativement modérés. Alors Jouan et ses acolytes lui firent passer définitivement la porte. On l'accusa naturellement de fédéralisme. On essaya de le remplacer par un de ses confrères plus « sans-culotte », le citoyen Mollié curé du Mas, qui refusa. (Arch. dép. Délibérations de la Société populaire de Tonneins.)

(2) Des difficultés semblables surgirent assez souvent entre le district et la municipalité. En août 1793, deux citoyens, Guichard et Galup, provoquèrent un violent tumulte, en prenant dans l'enceinte de la Société populaire la défense d'un de leurs amis, Prébousteau, accusé de vols. Jouan demanda leur arrestation dont se chargea la municipalité. Mais le district les fit arracher de force des mains des municipaux. D'où colère de la Société populaire outragée.

municipalité ne voulait pas s'y rendre et qu'elle voulait faire particulièrement sa proclamation.

L'heure du rendez-vous étant passée et la municipalité ne s'étant pas rendue, toutes les autres autorités constituées réunies, nous nous acheminames vers l'arbre de la liberté, où, étant rendu, j'envoyais dire par un gendarme à la municipalité que nous l'attendions. N'ayant pas voulu venir, j'y envoyai trois gendarmes avec un piquet de la garde nationale pour notifier de nouveau à la municipalité de se rendre, sans quoi le district verbaliserait et ferait ce que les lois lui prescrivaient. Alors Jouan, mal vêtu, vint avec deux municipaux en écharpe. Ému sans doute par cette scène, je ne pus que faiblement prononcer un bout de discours que j'avais préparé.

Je ne dirai pas quelles étaient mes opinions politiques. Je me bornerai à dire que sincèrement attaché à la Révolution dans laquelle je n'avais entrevu que la réformation des anciens abus, je n'avais jamais été assez pénétrant pour voir les maux dont ma patrie et tous ses vrais amis étaient menacés. Cependant j'eus assez de lumières pour voir que j'étais sur la crête d'un volcan qui allait me consumer, soit que j'avançasse, soit que je reculasse.

D'abord me démettre me parut le plus sage parti. Mais soit vanité, soit la crainte d'une retraite dans ce moment de danger, soit trop de présomption sur moi-même, sur ma fermeté et surtout sur ma probité, je me déterminai à suivre la carrière sans prévoir le but. Je vis bien que les jacobins dominaient, gouvernaient ; je vis bien que Jouan et consorts étaient de zélés jacobins, qu'ils avaient des correspondances intimes et particulières (1). Cependant ne pouvant être persuadé que ces hommes voulussent abuser de leur autorité pour gouverner par le crime, je me déterminai à conserver ma place pour

____

(1) Dans la courte notice qu'Andrieu a consacré à Jouan, l'ancien instituteur de Tonneins est représenté comme étant « intimement lié avec Carra, Hébert, Chaumette, Robespierre et Lacombe », le terroriste bordelais. « Il y a évidemment exagération de la part de l'auteur de la *Bibliographie générale de l'Agenais*. Jouan n'eut guère que des relations épistolaires avec les terroristes parisiens. Au nom de la société populaire de Tonneins dont il était

n'administrer le district que par une sage et modérée application des lois. Cependant l'audace de la municipalité de Tonneins et de ses affidés allait chaque jour en augmentant. Déjà,
de son autorité privée, elle avait fait enfoncer les portes d'un
grenier où j'avais fait déposer des grains que le Département
m'avait envoyés pour la subsistance de toutes les communes du
district (1). Déjà ce blé avait été distribué aux affidés de la
municipalité de Tonneins. Déjà Jouan et consorts avaient fait
imprimer et distribuer une diatrible des plus outrageantes
contre le gouvernement (2). Déjà les sectaires de Jouan, armés,
avaient arrêté sur la Garonne et pillé plusieurs bateaux de blé
pour la subsistance de Bordeaux (3).

---

le porte-plume ordinaire, il leur écrivait de temps à autre soit pour les féliciter de telles ou telles harangues prononcées aux Jacobins ou à la tribune
de la Convention, soit encore pour leur dénoncer quelque fédéraliste ou fonctionnaire peu patriote, soit enfin pour les complimenter au sujet d'articles
inspirés « par les sentiments du plus éclatant sans-culottisme. »

(1) Ces envois de grains faits par le Département furent très fréquents pendant toute la période révolutionnaire. La question des subsistances tient, dans
le Lot-et-Garonne, une place prépondérante. Le pays, pourtant si fertile, ne
pouvait suffire à l'alimentation de ses habitants et, surtout, aux réquisitions
dont l'accablaient commissaires des armées et du gouvernement et représentants en mission. Un certain nombre de sociétés populaires et notamment
les *Amis de la Liberté et de l'Egalité de Tonneins*, pour rémédier aux dangers
de la famine, firent de louables efforts pour vulgariser la culture de la pomme
de terre.

Dans les distributions de blé et de grains, Tonneins, l'un des plus impor-
tants districts du Lot-et-Garonne, eut toujours une large part. A la fin d'avril
1793, par exemple, le directoire du département lui fit envoyer les grains saisis
chez l'émigré Narbonne. En même temps, il autorisait la commune à contrac-
ter un emprunt de 50.000 livres pour achat de vivres. (Bonnat, *Inventaire de
la série L*, tome I, pages 125 *a* et 127 *b*). A la fin de juin de la même année,
il lui faisait encore parvenir cent sacs de blé.

(2) Cette diatribe de Jouan le Jeune n'est point la seule qui soit sortie de sa
plume féconde. Il avait déjà publié quelques brochures dont les titres sont assez
suggestifs : *Un mot aux Prêtres ! — Deux mots aux prêtres ! Préservatif contre les terreurs paniques que les aristocrates et les mauvais prêtres ne cessent
de faire naître....!*

Celle dont parle Verdolin tendait à obtenir la dissolution de la Convention
et à frapper d'inéligibilité les députés qui votèrent l'appel au peuple lors du
jugement de Louis XVI. C'était le cas de Boussion, Laurent, Claverie, Laroche, Guyet-Laprade, Noguères, soit de 6 conventionnels du Lot-et-Garonne
sur 9. Vidalot, Paganel, Fournel votèrent contre la ratification du peuple
(Bonnat, *Les Troubles de Tonneins*, op. cit., *Revue de l'Agenais*, 1905). La
Société populaire avait pris fait et cause pour Jouan.

(3) Ces « arrestations » de farines furent assez fréquentes pendant la Révo-

Je crus de mon devoir de dénoncer (1) tous ces faits au Département en la personne de Coutausse, lors procureur général syndic (2). Un ordre à la municipalité de Tonneins de se rendre auprès du Département fut le seul résultat de ses dénonciations. Elle se retira triomphante, se fit accueillir par des sectaires armés à l'extrémité de la commune et vint dans cet ordre braver le district presque dans le local qu'il occupait.

Dès lors la municipalité de Tonneins fut en guerre ouverte avec le District. Crebessac jeune (3), Girodeau ainé et Harmand (4), membres du District, n'osaient déjà plus parler et moins agir. Farcit, autre membre du district, Girou, secrétaire (5), et moi étions seuls pour soutenir la lutte. Nous étions

---

lution. Mais elles furent d'un usage courant à Tonneins, comme l'indique les *Mémoires*, confirmés par les registres des procès-verbaux du conseil et du directoire du département.

(1) A dire vrai, Verdolin oublie un détail qui a son importance. L'administration du district ne voulut point viser le certificat de civisme délivré à Jouan par le conseil général de la commune. D'où colère des sans-culottes de Tonneins et protestations de Jouan à la société populaire. Les citoyens Breton, tailleur, Norman, notable, et Beau-Martin, dit Laviolette, demandèrent des explications. Il leur fut répondu que la loi dispensait les autorités de motiver leur refus. Le 17 mai, après une manifestation en faveur de Jouan, quatre officiers municipaux Justament, Rolland, Dupouy et Bertrand déclarèrent au District que, devant ce refus, le peuple était prêt à se soulever et qu'ils cessaient de répondre de l'ordre public. C'est alors que Verdolin dénonça brochure subversive et administration municipale.

(2) Le conseil du département convoqua les officiers municipaux le 18 mai 1793. Le 20 mai, après un discours « analogue aux circonstances » de Latour-Lagravère, vice-président, ils déclarèrent « que leurs intentions étaient bonnes et que ce n'était que la crainte du trouble que pouvait occasionner le refus du visa au certificat de civisme fait au citoyen Jouan le Jeune, en faveur de qui la voix publique paraît s'élever d'une manière générale, et ils promirent d'être toujours soumis aux lois, d'en procurer l'exécution et de maintenir surtout la paix et la tranquillité publique dans leur ville. » Après leurs explications que le conseil jugea satisfaisantes, ils furent invités à assister officiellement à la séance. Verdolin peut donc dire avec raison qu'il se retirèrent triomphants.

(3) Crebessac avait été élu vice-président du conseil du district.

(4) L'un des piliers de la société populaire. Il y prenait constamment la parole. C'était le substitut de Verdolin comme procureur-syndic.

(5) Girou, secrétaire du district, eut le même sort que Verdolin. Il fut destitué à la même époque comme fédéraliste. Sa femme, intelligente et très active, était l'une des citoyennes les plus patriotes de Tonneins. Elle prit souvent la parole, et avec succès, à la société des *Amis de la Liberté et de l'Egalité.*

bien encouragés par la majeure partie des membres du tribunal judiciaire et par tout ce qui était honnête à Tonneins et dans les autres communes du district. Mais ils ne se montrèrent ni ne pouvaient se montrer.

Cependant le trop fameux 31 mai 1793 arriva (1). A la suite je reçus une circulaire du procureur général syndic du département qui m'invitait à convoquer au District (2) toutes les municipalités et toutes les sociétés populaires du ressort par députation. Je déférai à cet ordre. Jouan fut député par la commune de Tonneins. J'ouvris l'assemblée par un discours où je développai sans détour mes principes d'amour pour ma patrie et de craintes sur les suites de cette malheureuse journée. Je rappelai alors les lettres que j'avais vues à Casteljaloux écrites par les députés Vidalot et Paganel et je ne doutai pas que leurs principes fussent autres que les miens, c'est-à-dire que je crus véritablement, comme la suite l'a prouvé, que cette journée était le triomphe des anarchistes sur les vrais patriotes.

Le procureur général syndic du département m'ordonna quelques jours après d'inviter les sociétés populaires à se concerter pour prendre des mesures propres à délivrer la Convention Nationale du joug des Parisiens, me disant que la mesure était générale (3). Je le fis. Je fus député vers la société populaire d'Aiguillon où des affaires de district m'appelaient. Je remplis ma mission avec exactitude et sagesse (4).

Les affaires du district qui m'avaient appelé à Aiguillon

---

(1) Verdolin fait allusion à la chute des Girondins.

(2) Il s'agit d'une circulaire du commencement de juin 1793. Les délibérations du conseil du district de Tonneins n'ont pas été conservées. En général les archives de ce district ne sont parvenues au dépôt départemental que par fragments.

(3) Le 14 juin 1793, les membres des administrations et des représentants des sociétés populaires se réunirent à Agen pour aviser « aux moyens de sauver la patrie ». (Bonnat, *Invent. de la série L*, t. I, p. 127 a.)

(4) C'est le 11 juin 1793 que Verdolin fut désigné par la société populaire de Tonneins pour aller à Aiguillon. Deux délégués de la société populaire d'Agen, Lafont et Lacuée de Cessac, assistaient à la séance.

En même temps qu'on désignait Verdolin pour Aiguillon, on envoyait des commissaires aux autres sociétés populaires du district. Jouan le Jeune alla au

étaient la vente des meubles et effets du château et, à ce sujet je dois dire comment cette vente se fit (1).

Déjà, par l'intermédiaire de mon collègue, le Département avait pris et m'avait envoyé deux arrêtés pour la vente de ces effets. Les citoyens Nugues aîné et Turpin, médecin, furent nommés commissaires et Carrier, secrétaire pour la vente (2). Mon ministère m'obligeait à me rendre pour faire l'ouverture de cette vente. Le Département y avait envoyé le citoyen Durand, un de ses membres, comme commissaire (3). D'après les lois lors existantes, la présence de ce commissaire me paraissait fort inutile. Cependant c'était lui qui voulait diriger tout. C'était lui qui s'opposait à ce que le citoyen Leroy, fondé de pouvoirs de la vieille duchesse d'Aiguillon, créancière de cette succession (4), enchérit pour compenser partie de sa

---

Mas ; Girou. à Gontaud ; Florans, à Galapian ; Borderie, à Clairac ; Jauffret, à Castelmoron, et Harmand, à Lacépède.

Verdolin rendit compte de son mandat à la séance de la société populaire du 13 juin 1793. (Arch. dép.. Délibérations du club de Tonneins.)

(1) Sur la vente des biens. meubles et immeubles, du duc d'Aiguillon, voir archives départementales, série Q : biens nationaux, une liasse très importante.

Déjà, les 26 avril et 14 mai 1793, le département avait écrit au district de Tonneins au sujet de la vente des meubles et effets de Vignerod, émigré. Le 28 mai, le conseil envoya le citoyen Lespinasse procéder à l'estimation des biens; ce dernier opéra avec le citoyen Rocher. Les deux experts touchèrent une indemnité de 170 livres (19 juin). Les citoyens Saint-Amans et Noubel, assistés de Dergny. ingénieur en chef, avaient été chargés le 28 mai de faire le triage des livres. tableaux et objets d'art que l'administration départementale se réservait. Ils dépensèrent 84 livres dont le paiement leur fut ordonnancé le 9 juin. (Bonnat, *Inv. série L*, t. I, p. 34 *b*, 35 *b* et 36 *a*.

(2) Ils furent désignés par le directoire du district le 3 juin 1793. Ils devaient opérer avec deux officiers municipaux d'Aiguillon. (Arch. dép. série L. Arch. du district.)

(3) C'est le 5 juin 1793 que Durand fut désigné par le conseil du département pour faire procéder à la vente des meubles et effets du château d'Aiguillon. Les livres, tableaux, objets d'arts, tapisseries mentionnés dans un état en date du 30 mai, signé de St-Amans et de Noubel, étaient réservés à l'administration départementale, qui prit encore au prix de l'estimation. deux lustres, des poëles et des cartons. Les titres et papiers devaient être transportés aux archives du district de Tonneins. (Arch. dép. série L. 30, p. 199 et fonds du district, délibérations du 3 juin 1793.)

(4) En juillet 1793, un arrêté du directoire du département déclarait également Leroy créancier du dernier duc d'Aiguillon pour 2000 livres. (Bonnat, *Inv. de la série L*, t. I. p. 128 *a*.)

Les scellés avaient été mis sur les salles du château le 18 septembre 1792,

créance. J'avais dit à Leroy qu'il pouvait et devait enchérir sur tout ce qu'il y avait de plus précieux ; les lois lors existantes le lui permettaient. Le commissaire du département et moi eûmes à ce sujet une dispute très vive. Il verbalisa contre moi ; je verbalisai contre lui. La colère lui procura une colique des plus violentes et des plus dangereuses. Je me rendis auprès de lui, je le fis soigner par des gens de l'art que j'appelai moi-même. Étant rétabli, il me communiqua son verbal qui était des plus graves contre moi, étant son inférieur. Je lui communiquai le mien, qui n'était pas doux, mais qui était vrai. Nous nous embrassâmes, nous déchirâmes nos verbaux et nous convînmes de nous en rapporter au Département pour la décision du fait qui nous divisait. Le Département, ayant décidé que j'avais raison, rappela son commissaire (1). Mais Leroy, malgré mes avis et mes sollicitations, ne se fit adjuger que peu d'effets (2), que j'ai appris depuis qu'il avait revendus à Paganel (3), Thomasson, d'Agen (4), et autres. Le Département prit par arrêté plusieurs meubles et effets de ce château, entre autres des poêles, les lustres, la bibliothèque, les tableaux, etc...

Déjà la Vendée commençait à faire des progrès ; déjà le département avait ordonné la levée des bataillons et leur organisation à Tonneins. J'étais chargé de pourvoir à leur équipement par la voie des achats (5). Je fis acheter et je fis moi-

----

alors que Verdolin remplissait les fonctions de procureur de la commune d'Aiguillon.

(1) La vente des meubles du château d'Aiguillon commencée le 6 juin 1793 dura jusqu'au 16 juillet. Durand cessa de s'en occuper dès le 15 juin.

(2) La vente aux enchères publiques atteignit le chiffre respectable de 98.725 livres 12 sols. Leroy, procureur fondé de la citoyenne Vignerod d'Aiguillon, acquit pour 11.409 livres 9 sols d'objets mobiliers : sièges, canapés, fauteuils, lits, glaces, tapisseries, commodes en marqueterie, etc... (Arch. dép , série Q. Biens Nationaux.)

(3) Il s'agit du conventionnel Paganel, l'ancien curé de Noaillac et procureur-syndic de Villeneuve, que nous retrouverons au cours des *Mémoires*.

(4) Thomasson était directeur de l'administration départementale des domaines nationaux et de l'enregistrement. (Bonnat, *Invent. série L.* pp. 22 *a* et 43 *a*).

(5) Le 19 mars 1793, devant les autorités constituées de Tonneins réunies au directoire de district, Verdolin prit la parole contre les « monstres et infâmes brigands » de la Vendée. C'est le seul discours politique de Verdolin qui nous soit parvenu in-extenso. Nous le publierons en appendice.

même le marché d'une grande quantité de toiles, de bas, de souliers, etc.. . Je mis les tailleurs, les couturières et les cordonniers du district en réquisition : je fis marché avec eux ; je fis livrer aux cordonniers qui n'avaient pas les moyens de faire des avances des marchandises, notamment aux citoyens Florans, cordonnier (1), et le sellier d'Aiguillon, Fauché (2), aux cordonniers de Tonneins et autres. Je fis exactement vérifier les fournitures et bien payer. Je fis également mettre tous les chevaux du district en réquisition. Plusieurs particuliers m'offrirent ou me firent offrir beaucoup d'argent pour faire réformer les leurs. Ils furent toujours pris de préférence, en refusant leurs offres. Je fis tout par moi-même, me faisant aider pour ce que je ne connaissais pas par des citoyens probes et honnêtes. Bref, j'eus la satisfaction de recevoir du Département une lettre qui, en louant mon exactitude, me déclarait que j'étais le procureur syndic de tous les districts qui avait fourni les meilleures marchandises et au meilleur marché.

Les citoyens Coutausse (3), Lamarque (4) et Laliman (5),

---

(1) Florans, cordonnier d'Aiguillon, fournit en effet 85 paires de souliers pour les volontaires et reçut en échange 1275 livres (25 vendémiaire an II). Bonnat. *Inr. de la série I.*, t. i, p. 42 *b*.

(2) L'un des membres les plus assidus de la Société populaire de Tonneins.

(3) Coutausse de Saint-Martin, membre du conseil et du directoire du département depuis 1790. Elu procureur général en 1791, à la place de Lacuée de Cessac ; en butte à l'hostilité de Paganel qui le fit mander à la barre de la Convention en juillet 1793, mesure qui fut d'ailleurs rapportée ; destitué par le représentant du peuple en mission Tallien, le 25 septembre 1793 et remplacé par Sembauzel (Bonnat. *Inr. de la série I.*, t. i, pp. 4 *b*, 37 *a*, 39 *b*, 163 *b*.) Réinstallé au directoire du département par un autre représentant en mission. Ysabeau, le 26 vendémiaire an III. Membre de l'administration centrale du département.

(4) Elu membre du conseil du département de Lot-et-Garonne, en 1791, et du directoire (22 novembre), substitut du procureur général syndic le 29 novembre 1792, destitué par Tallien le 25 septembre 1793. C'est le 27 avril 1793 qu'il avait été nommé commissaire « pour l'organisation du bataillon de Tonneins » qui devait partir pour la Vendée. (Bonnat. *Inr. de la série I*, p. 127 *a*). Boutheron, commissaire de ce dernier département, était venu au conseil, à Agen, pour réclamer des secours. Les administrateurs décidèrent alors de faire partir le bataillon de Tonneins (21 avril 1793), (*Idem*, p. 32 *b*). D'où la mission de Lamarque. Le 8 frimaire an VIII, il fut nommé commissaire du gouvernement dans le Lot-et-Garonne en remplacement de Filhastre, non acceptant.

GARRAU, REPRÉSENTANT DU PEUPLE
en mission dans le Lot-et-Garonne

vinrent successivement à Tonneins pour l'organisation des bataillons. Ensuite vinrent les représentans du peuple Paganel (1) et Garrau (2). Je présidais alors la Société populaire de Tonneins (3) ; je mangeais avec eux chez le citoyen Lavigne (4).

(Note 5 de la page précédente). Elu membre du conseil du département en novembre 1792. Nommé membre du directoire le 25 septembre 1793, par arrêté de Tallien. Il se trouvait à Tonneins au mois de mars de cette année. Il n'y manquait pas les séances de la société populaire.

(1) Sur le conventionnel Paganel, voir la *Bibliographie Générale* d'Andrieu et l'*Agenais illustré* de Bellecombe.

(2) Pierre-Anselme Garrau, né à Sainte-Foy le 19 février 1762, avocat au Parlement, président du district de Libourne, maire de Sainte-Foy (Gironde). Député à la Législative et à la Convention, envoyé en mission en 1793. Président de l'administration cantonale de sa ville natale ; membre du conseil des Cinq-Cents, il protesta contre le coup d'état du 18 brumaire, fut proscrit, mais rentra en grâce trois mois plus tard comme sous-inspecteur aux revues, intendant de la province de Varsovie (1806), chevalier de la Légion d'honneur ; inspecteur en chef aux revues (1807), président de la commission des prises et des séquestres de l'armée du Midi en Espagne. Membre de la Chambre des députés pendant les Cent-jours, il resta partisan de Bonaparte. Obligé de s'expatrier, il ne revint dans son pays qu'en 1819. Il mourut le 15 octobre de cette même année. (Voir Guinodie, *Histoire de Libourne*, t. II, page 118, note 2.)

(3) C'est le 27 mars 1793 que Paganel et Garrau entrèrent en séance à la société populaire que présidait Verdolin. Ils prirent tous les deux la parole en termes véhéments, après quoi Verdolin dut leur donner l'accolade fraternelle au bruit des applaudissements et des acclamations. L'enthousiasme était si considérable que Garrau n'hésita point à placer un second discours encore plus énergique, qui se ressentit de l'agitation patriotique des sans-culottes tonneinquais. La fête se termina par des chansons. Et alors ce fut au tour du secrétaire des représentants en mission de se faire entendre dans un « hymne à la Liberté » qui fut très applaudi. Puis le chœur des chanteurs de la société entonna la *Marseillaise*, « cet air terrible aux traîtres et fripons politiques », écrit Jouan le Jeune, l'auteur du procès-verbal de la séance.

Verdolin, entré à la société populaire le 8 décembre 1792, en avait été élu président le 21 mars 1793. Il prit possession du siège présidentiel le 21 et prononça à cette occasion un discours très applaudi. Il ne dut évidemment son élection qu'à sa qualité de procureur-syndic, car il ne fut jamais très assidu aux séances, même au temps de sa présidence ; il n'y prit pas souvent la parole ; il n'avait, d'ailleurs, ni le tempérament fougueux, ni l'éloquence véhémente, indispensables pour briller dans un club jacobin comme celui de Tonneins. Le président étant renouvelable tous les mois, Verdolin fut remplacé, le 18 avril, par son adversaire Jouan le Jeune. Il présida sa dernière séance le 11 avril et abandonna son siège pour combattre une proposition du procureur de la commune tendant à obtenir le remplacement des conventionnels qui votèrent *l'appel au peuple*. Après avoir demandé l'ajournement de la motion, mais sans succès, il refusa, avec son ami Harmand, de signer l'adresse envoyée dans ce sens à la Convention.

(4) Lavigne était le meilleur hôtelier de Tonneins. Après la chute des Girondins, on l'accusa de fédéralisme à la société populaire.

J'eus occasion de me convaincre par leurs discours publics et particuliers et surtout de Garrau, que les Jacobins de Paris dirigeaient le gouvernement, qu'un grand incendie couvait et que bientôt j'allais être le témoin et l'instrument par ma place des plus grands malheurs. Je fis part de mes craintes à plusieurs de mes amis et entre autres à Lavigne, Brunet, Jauffret, etc. Donner ma démission et me retirer fut mon premier projet. Cependant encouragé par mes amis qui promirent le secours de leurs lumières, je me déterminai à rester en place et de ne m'en servir que pour faire le moins de mal possible et barrer, au contraire, les projets des méchans.

La municipalité de Tonneins, Jouan à la tête, voyait avec peine la faveur dont je jouissais. Une réquisition d'armes est ordonnée. L'exécution en est confiée aux municipalités ; celle de Tonneins fait entièrement désarmer tous les citoyens honnêtes : fusils, sabres, pistolets, épées, tout leur est enlevé ; les sectaires de Jouan ne sont pas requis de remettre les leurs. Je demande que ces armes soient portées au district. D'abord, on s'y refuse ; je demande avec plus d'insistance ; on obéit. Alors je fis remettre à plusieurs personnes, entre autres aux citoyens Lilancourt, Laperche, médecin, etc., les armes de prise inutiles et impropres au service pour lequel on les leur demandait.

Une loi ordonna que dans chaque commune et dans chaque chef-lieu de district il y ait un comité central pour arrêter à la poste et ouvrir toutes les lettres qui paraîtraient suspectes. J'étais membre-né de ce comité central ; Jouan et Rolland, membres de la municipalité de Tonneins, Crebessac et Farcit, le composaient (1). La correspondance de tout ce qui était honnête, à Tonneins, était arrêtée et portée au comité. Je ne laissai ouvrir que très peu de lettres venant de l'étranger. Je faisais remettre les autres sans être décachetées. Un jour,

____

(1) Verdolin veut parler du comité de sûreté générale formé à Tonneins le 1ᵉʳ avril 1793. En faisaient partie, Crebessac jeune, Harmand et Farcit, membres du directoire du district, qui devaient se joindre à trois citoyens désignés par la municipalité. (Archives départementales de Lot-et-Garonne, fonds du district de Tonneins.)

Jouan se permit d'en arrêter une, adressée à la citoyenne Labruyère et de lui ordonner par un soldat de guet de se rendre de suite au district pour reconnaître cette lettre qu'il prétendait suspecte. Cette pauvre femme se trouva d'abord mal, me le fit dire en me faisant prier de passer chez elle. Je lui fis répondre que je ne le pouvais pas, que ce serait me rendre suspect, mais qu'elle fût tranquille et qu'elle me prescrivit l'heure à laquelle elle pourrait se rendre au district où je convoquerais le comité. Elle s'y rendit. Jouan y arriva avant moi. Je le trouvai chargeant cette femme de propos et de menaces. Je la rassure, je prends la lettre, la décachète, la lis seul ou fait semblant de la lire comme j'en avais le droit, la remets à cette femme, en déclarant au comité qu'il n'y avait rien de suspect et qu'on y traitait d'affaires d'intérêt, qui devaient être secrètes. Après quoi, Farcit et moi reprochames vivement à Jouan sa mauvaise conduite vis-à-vis des gens honnêtes de Tonneins et le renvoyames à ses fonctions municipales.

Quelques jours après, les citoyens Brienne fils, Lalanne-Garrigue et Lacroix, membres du comité d'Aiguillon, m'adressèrent et devaient m'envoyer à mon adresse deux lettres, dont l'une écrite par le citoyen Mautor et l'autre adressée au citoyen, Merle-Dubarry d'Aiguillon, avec un procès-verbal fulminant contre ces deux citoyens. Ayant lu ces lettres et n'y ayant trouvé rien de suspect, mais trouvant le procès-verbal extrêmement chargé contre ces deux citoyens, sachant déjà que le comité d'Aiguillon s'était adressé à Jouan pour la poursuite de cette affaire et que, d'après cela, il était à craindre, comme la loi l'ordonnait, que ces pièces et le procès-verbal seraient envoyés au Comité du Salut Public à Paris et que Mautor et Dubarry pourraient bien y être traduits, je me déterminai à ne pas en accuser réception, à la nier même si j'étais forcé d'en venir là; en conséquence, je gardai cet envoi secret, je ne le communiquai à personne, malgré les vives instances que le comité d'Aiguillon me fit verbalement et par écrit pour en avoir l'aveu de ma part. Jouan lui-même me demanda souvent, en séance, compte de cette affaire; je niai toujours avoir reçu, ce qui me valut une députation de douze sans-culottes de Tonneins, à la tête de laquelle était Breton, surnommé *le Fou*, qui m'ayant trouvé seul dans mon bureau, après les reproches d'usage de favoriser les aristocrates, usa des propos les plus durs et même des menaces à mon égard. Je lui répondis, quoique seul, avec le courage d'une conduite irréprochable et m'étant levé pour appeler les commis et envoyer chercher du secours, il disparut avec sa troupe. Bref, quand je crus n'avoir rien plus à craindre des poursuites du comité d'Aiguillon, je fis brûler les deux lettres et le procès-verbal. D'après ma conduite qui, j'ose le dire, était sage et conforme à la bonne interprétation que l'on pouvait donner aux lois, j'étais en butte aux persécutions non-seulement de la municipalité de Tonneins (1), mais encore de tous les exaltés des autres communes du district.

Le représentant du peuple Paganel s'étant arrêté et ayant couché à Aiguillon chez Coq jeune (2), lors procureur de la commune, celui-ci lui remit un long et volumineux mémoire dans lequel il m'accusait, entre autres choses, de n'avoir pas voulu mettre en vente ou en ferme les grandes possessions que le duc d'Aiguillon avait dans le district, malgré ses pressantes sollicitations. Paganel, à son passage à Tonneins, eut l'honnêteté de me remettre et de me laisser ce mémoire pour en faire ce que j'aviserais. Je l'ai soigneusement gardé. Cependant, craignant qu'on me reprochât et qu'on ne me fit punir de l'inexécution de mes devoirs, je me déterminai à prier et à solliciter le citoyen Leroy comme procureur fondé de la vieille duchesse d'Aiguillon à enchérir et à se faire allouer à

---

(1) La lutte entre Verdolin et Jouan le Jeune — si l'on en juge par les procès-verbaux du conseil général de la commune, du directoire du district et de la société populaire — ne fut jamais très violente, au moins ouvertement. Les deux rivaux évitaient, semble-t-il, d'engager le fer et de s'attaquer résolument. On les voit constamment se ménager, notamment au club jacobin. C'était entre eux une lutte d'insinuations et de critiques, d'observations malignes, lutte sourde, mais constante, que n'interrompaient pas les scènes pathétiques de réconciliation, généreusement provoquées par Jouan le Jeune.

(2) Coq jeune avait remplacé Verdolin comme procureur de la commune d'Aiguillon.

quelque prix que ce fût toutes les possessions du duc d'Aiguillon au compte des créances de la duchesse. Leroy n'ayant pas voulu ou osé le faire, je me bornai à faire ratifier par le district les fermes déjà faites par le duc d'Aiguillon, à faire mettre en régie les moulins et à affermer ceux qui ne l'étaient pas déjà (1).

Une lettre que Peynaud (2), ancien curé de Tonneins, écrivait à sa sœur est interceptée. Il disait, entre autres choses, que quand on voudrait lui écrire quelque chose de secret il fallait écrire en interligne avec du jus d'orange ou de citron, qu'en approchant la lettre du feu l'écriture ressortirait et qu'on pourrait la lire. Je n'arrivai qu'après l'ouverture de cette lettre. Déjà Jouan avait fait délibérer par le comité que cette citoyenne à qui la lettre avait été adressée serait mise en arrestation. Je fis rapporter cet arrêté par la raison que cette femme n'avait pas provoqué cette confidence de la part de son frère, qu'il serait dangereux de rendre responsables ceux qui recevraient des écrits suspects et que d'ailleurs on devait lui savoir gré de nous avoir procuré une découverte pour nous prémunir à l'avenir. Jouan sortit furieux, vomissant mille imprécations contre moi, me taxant d'être toujours le protecteur des aristocrates.

Dans ce moment un paquet chargé était à la poste à mon adresse. Arthaud, buraliste (3), m'en fit avertir pour que j'aille le retirer moi-même. Mes affaires ne me permettant pas de sortir du bureau, je l'envoie prier de le remettre à mon premier commis que je lui envoyai. Arthaud s'y refuse ; je lui renvoie ce commis avec une lettre dans laquelle je lui ordonnais de remettre ce paquet, le rendant responsable du retard, lui offrant de signer la décharge sur son registre, si mieux il

---

(1) Le récit de Verdolin est confirmé, sur ce point, par les documents conservés aux archives de Lot-et-Garonne, série Q. Biens nationaux. District de Tonneins.

(2) Peynaud (Louis), vicaire de la cathédrale Saint-Etienne d'Agen, curé de Saint-Pierre de Tonneins et vicaire général depuis 1776. Il refusa de prêter le serment d'adhésion à la Constitution civile du clergé et mourut pendant la Révolution. (Durengues, *Pouillé du diocèse d'Agen*, p. 644.)

(3) Henry Arthaud avait été élu directeur de la poste aux lettres de Tonneins le 21 novembre 1792.

n'aimait m'envoyer son registre par son commis avec le paquet, qu'Arthaud remit alors en m'écrivant une lettre des plus impertinentes, à laquelle j'eus la sottise de répondre en lui reprochant ce que j'avais fait pour lui, c'est-à-dire que ses concitoyens n'ayant pas de confiance en lui s'étaient adressés à la direction de Paris pour le faire destituer : 1° comme failli, 2° comme insolvable, 3° comme suspect à raison de ses mœurs etc... Cette dénonciation m'ayant été envoyée pour donner mon avis, je crus devoir soutenir l'ouvrage de l'assemblée électorale qui avait nommé Arthaud à cette place. En conséquence, sans lui donner connaissance des signatures de la dénonciation, je lui dis que je répondrais ce qu'il voudrait et qu'il fit lui même le projet de la réponse, ce qu'il fit. Et certes, il ne se blâmait pas dans cette réponse ! Les dénonciations persistant, la direction envoya un commissaire sur les lieux pour prendre des renseignemens. Ce commissaire étranger s'adresse à moi. J'envoie chercher Arthaud ; ils concernent ensemble les moyens de prendre ces renseignemens et on imagine bien qu'Arthaud n'adressa pas ce commissaire à ses ennemis. Bref, depuis ce moment, il resta tranquille dans sa place (1) et il ne s'en prévalut dans la suite que pour m'inquiéter et me nuire et me vouer une haine qui a failli me perdre.

---

(1) Henry Arthaud fut en effet l'objet de dénonciations qui motivèrent une enquête. Mais. contrairement à ce qu'affirme Verdolin, il n'était point question de « mœurs ». D'autre part, il y a confusion — volontaire ou non — dans l'esprit de l'auteur des *Mémoires*, au sujet de la personnalité du « failli ». Ce n'était point Henry Arthaud, mais son père, qui n'avait pu faire honneur à ses engagements commerciaux. Le 21 décembre 1792, au conseil du département, le citoyen Delage, contrôleur des postes de Lot-et-Garonne, fit part de l'enquête dont l'avait chargé l'administration supérieure. Le Département devait d'ailleurs mener une enquête parallèle. Le 15 janvier 1793 il écrivait au District la lettre suivante, confirmée, le 30 du même mois, par le procureur général syndic :

« Nous vous avons envoyé depuis plusieurs jours copie de la lettre du Ministre des contributions publiques par laquelle il marque qu'on lui a assuré que le citoyen qui vient d'être nommé par l'assemblée électorale du district de Tonneins à la place de directeur de la poste de votre ville n'a aucune des qualités propres à mériter la confiance publique ; que ses affaires sont dérangées, qu'il existe contre lui plusieurs condamnations dont l'ensemble s'élève à

Le ministre du culte protestant Dubois, lors juge de paix, ne cessait de me tracasser par des dénonciations continuelles contre un autre ministre protestant, Lagarde, que la municipalité de Tonneins avait fait emprisonner à l'instigation de Dubois, que j'avais fait mettre en liberté et qui, enfin, fut forcé de fuir pour se soustraire aux persécutions (1). Tantôt

une somme assez forte et que sa gestion inspire au commerce les craintes les plus vives et les mieux fondées.

« Nous vous prions de nouveau de vouloir bien vérifier les faits avec toute l'attention possible et nous faire part des résultats de vos recherches pour les communiquer au Ministre le plus tôt possible. Nous serions bien fâchés que cette dénonciation fût fondée. Nous attendons là-dessus votre avis ultérieur. »

Le Département n'eut pas lieu d'être « fâché ». Henry Arthaud garda sa place. Verdolin nous dit comment et pourquoi. (Archives départementales, série L. 30, pages 8 et 9 et correspondance du département.)

(1) Le ministre protestant Lagarde fut en butte, comme le dit Verdolin, à l'hostilité de Dubois soutenu par la municipalité et la société populaire.

Le 18 décembre 1792, Jouan le Jeune pria le club jacobin de lancer « les foudres de la proscription contre Lagarde, ministre de l'un des cultes ». Et l'assemblée d'applaudir et d'approuver la motion de Jouan, car elle ne voyait dans la personne du pasteur « qu'un homme dont les démarches contrastaient singulièrement avec les paroles..., un homme dont l'influence devait être prépondérante, un caractère dominant qui ne souffrait point la communion précieuse de l'égalité » !

Et alors les dénonciations allèrent bon train ! Voici l'une d'entre elles, mentionnée dans un arrêté du directoire du district de Tonneins, pris sur la réquisition de Verdolin le 4 avril 1793

« Vu la délibération prise par les anciens et les membres composant l'assemblée de Dubois, ministre protestant à Tonneins, dans laquelle ils articulent divers griefs contre le citoyen Lagarde, ancien ministre protestant de la ville de Tonneins et lui reprochent : d'avoir répugné à ce que *dorénavant il ne serait établi qu'une seule église, en disant tout court « non ! » et en disant en outre que le sieur Dubois n'était pas un ministre, ni même n'avait jamais paru dans aucun synode ; d'être un chef de désordre qui ne fait par ses déprédations qu'altérer la tranquillité publique, ce que nous éprouvons depuis plus de trente ans, disent les pétitionnaires, surtout depuis l'arrivée du sieur Lagarde ;*

« Vu le réquisitoire du procureur de la commune de Tonneins qui conclut à ce que la délibération des citoyens composant l'assemblée de Dubois soit envoyée à l'administration du département, pour que dans sa sagesse elle prononce ce qu'elle verra être juste dans l'intérêt de la tranquillité publique et *surtout dans l'intérêt des demandeurs qui doit être pris en essentielle et prompte considération, vu la légitimité de leurs demandes :*

« Considérant que dans tout Etat bien organisé le législateur et les magistrats ne considèrent les hommes que sous les rapports qu'ils ont avec leurs concitoyens et nullement sous leurs rapports avec l'Etre suprême, qui approuve toutes les manières de l'honorer, pourvu qu'elles soient marquées au coin de la bonne foi ;

« Considérant que ces grands principes ont été considérés d'une manière

Dubois me représentait sa misère, tantôt il me demandait d'appuyer ses demandes pour avoir des pensions ecclésiastiques (1), tantôt il me demandait une église pour faire ses fonctions. J'avais beau lui déclarer mon incompétence pour de pareilles demandes, il prenait mes observations pour des refus. Un jour, il poussa l'inconséquence à me demander une place d'aumônier protestant dans un des bataillons nouvellement formés. Sachant que cet homme était à charge

---

bien claire dans l'article X de la déclaration des Droits de l'Homme où il est dit que *nul ne doit être inquiété pour ses opinions mêmes religieuses, pourvu que leur manifestation ne trouble point l'ordre public établi par la loi :*

« Considérant que les dissentimens des ministres Dubois et Lagarde sont, aux termes mêmes de la délibération des membres de l'assemblée du premier, le résultat d'une différence d'opinion religieuse, sinon quant au dogme, du moins quant à la discipline ;

« Considérant que si les magistrats doivent, conformément à la loi, sûreté et protection aux ministres de tous les cultes, pourvu que leur doctrine ne soit point en opposition avec le système politique de l'Etat, il serait cependant bien dangereux de leur donner trop d'importance, en leur accordant une attention plus particulière qu'au reste des citoyens qui sont leurs égaux et leurs frères ;

« Considérant que dans un Etat qui se régénère, le magistrat doit consulter les circonstances, travailler de toutes ses forces et par des moyens de douceur et de persuasion à faire sympathiser les mœurs avec le nouveau gouvernement et prendre garde surtout de ne pas se servir inconsidérément de la verge de la loi ;

« Oui, et ce requérant le procureur-syndic, le directoire du district estime que ces débats qui se sont élevés entre les ministres Dubois et Lagarde, étant purement religieux, ne sont pas du ressort d'un corps administratif, qui n'a pas le droit de commander aux consciences, et que cependant comme ces funestes querelles peuvent influencer sur la tranquillité de la ville de Tonneins, il serait peut-être à propos que l'administration du département écrivit aux citoyens de la ville une lettre paternelle pour les engager à honorer tranquillement la divinité, chacun à sa manière et d'après sa conscience, et de renoncer enfin à leurs malheureuses discussions qui détournent leurs regards du salut de la République dont leur patriotisme énergique les rend si dignes de s'occuper ».

Lagarde s'était installé à Tonneins en 1781. Après avoir quitté cette ville, il fut emprisonné quelques jours à La Réole. De retour à Tonneins, il y resta jusqu'en 1812, puis devint pasteur à Larnas (Ardèche). Il y mourut vers 1815.

(1) Le directoire du district de Tonneins eut à prendre une décision sur ces demandes incessantes du pasteur Dubois. Le 9 janvier 1793, ce dernier sollicitait une pension curiale ; il faisait valoir tous ses titres, politiques et autres : ministre protestant à Tonneins ou dans les villes voisines depuis 35 ans, maire de Tonneins, président de l'assemblée électorale du district en 1792, juge de paix. D'autre part, « il s'est constammt occupé à faire végéter le feu sacré du patriotisme et il a défriché trois églises » ! Le directoire déclara qu'il ne pouvait accorder à un ministre protestant une pension réservée aux prêtres catholiques. (Archives départementales. Délibérations du directoire de Tonneins.)

à toutes les personnes tranquilles de Tonneins, je fis avertir les principaux du moyen qu'il y aurait de s'en défaire en lui assurant une pension de 1.200 francs et que de mon côté, je le ferais partir comme il l'avait demandé. Dans le jour j'eus la soumission pour les douze cens francs qui devaient être payés d'avance. Mais Dubois ne voulut plus partir, l'ayant dès lors prié de me laisser tranquille, il me voua sa haine et sa vengeance.

Cependant la ville de Bordeaux avait déjà levé une force départementale, déjà cette force était à Langon, déjà la municipalité de Bordeaux m'avait donné avis du passage de cette force sur le territoire du district. J'avais envoyé cet avis au gouvernement pour en recevoir des ordres (1), déjà le procureur-syndic de Casteljaloux, David, m'invitait à faire armer les communes du district pour les joindre aux siennes à Aiguillon à l'effet de nous opposer au passage de la force bordelaise.

J'envoyai aussi cette invitation au département. Déjà la municipalité de Tonneins, Jouan à la tête, avait à mon insu et sans que j'eusse les moyens de m'y opposer, fait arrêter plusieurs bateaux de grains destinés pour Bordeaux et qu'il avait fait distribuer aux sans-culottes. Il ne me restait d'autre moyen que d'en donner de suite avis au Département après avoir inutilement cherché à ramener la commune de Tonneins à remettre ces grains et à discontinuer ses pirateries. Déjà des commissaires envoyés par le Département de Bordeaux étaient venus à Tonneins pour réclamer la remise des grains arrêtés. Sachant que le peuple s'ameutait, je les fis partir nuitamment pour aller à Agen chercher des ordres (2). Déjà le comman-

---

(1) Le 21 juillet 1793, le Conseil du département envoya deux commissaires au devant du bataillon des Bordelais pour l'engager à regagner ses foyers. (*Inventaire de la série L*, page 37 *a*.)

(2) Le 25 juillet 1793 un courrier extraordinaire vint au conseil du département exprimer les craintes qu'éprouvait la ville de Bordeaux de manquer de subsistances, celles qu'elle avait fait venir de Toulouse et de Moissac étant arrêtées par la municipalité de Tonneins (série L. 31, page 20 et 21). Le conseil donna l'ordre de restituer les grains (*Inventaire de la Série L*, page 128 *b*), mais sans obtenir de résultat. Il fallut l'intervention d'Ysabeau et de Baudot pour trancher la question (septembre 1793). (Archives départementales, L. 31, page 96.)

dant de la force bordelaise m'avait écrit de Langon que si dans vingt-quatre heures les grains arrêtés dans la commune de Tonneins n'étaient pas partis, il allait venir avec sa troupe pour se faire faire raison. Il est aisé de concevoir quels étaient mes embarras et mes craintes de voir le District troublé et agité. Le Département était toujours le point sur lequel je me rejetais, mais le Département lui-même était trop faible pour oser rien entreprendre (1) contre la commune de Tonneins qui s'était déclarée pour ainsi dire en révolte contre le district et le Département, jusques-là qu'ayant convoqué le conseil général du district, je fis délibérer que le Département serait prié d'autoriser notre translation dans la commune de Clairac pour pouvoir avec plus de sûreté réduire la rebellion de celle de Tonneins.

Les citoyens honnêtes de Tonneins, voyant notre embarras et nos craintes, avaient formé une société sous la dénomination de *Cercle* (2). Il n'y avait ni présentation ni admission ; y allait qui voulait. Je fus invité d'y aller, j'y fus quelquefois. Il n'y a jamais été agité que les moyens de défense en cas d'attaque ouverte de la part de la municipalité. Je puis dire avec vérité de n'y avoir jamais entendu tenir aucun propos contraire aux principes d'honneur, de probité et de respect aux personnes et aux propriétés.

---

(1) Les délibérations des deux administrations de département : conseil et directoire, les correspondances officielles justifient l'opinion sévère de Verdolin. C'est à peine si de temps à autre, quand Jouan le Jeune se montre par trop violent, le Département esquisse un geste en faveur du district et du procureur-syndic. Çà et là quelques encouragements timides et craintifs, rarement un acte.

(2) A cette époque (juin 1793) il y avait trois clubs politiques à Tonneins : la société populaire proprement dite, la société politique et le Cercle, qui tenait séance chez la citoyenne Lassuderie. La « Politique » fusionna bien vite avec les amis de la Liberté et de l'Egalité. Quant au *Cercle*, malgré les attaques incessantes dont il fut l'objet de la part de Jouan et des amis de ce dernier, et précisément à cause de ces attaques, il refusa de se soumettre à l'omnipotence tyrannique du procureur de la commune. Les modérés continuèrent à le fréquenter. D'où colère de Jouan et des amis de la Liberté et de l'Egalité. Henry Arthaud demanda qu'on chassa du club jacobin tout citoyen faisant également partie du Cercle. Lacoste, notable de Tonneins, et Girou, secrétaire du district, eurent le courage de protester. Il s'en suivit un tumulte indescriptible. Les attaques continuèrent ; la lutte devint plus ardente, mais aussi très inégale.

Les débris d'un bataillon de l'Aude passant et logeant à
Tonneins, un soldat s'étant noyé en se baignant, ses camarades
le portèrent chez le médecin Laperche. Sa fille, ayant fermé
la porte à la vue d'un homme nu, — d'ailleurs son père n'étant
pas à la maison — on enfonce les portes, les croisées. On
entre, on brise tout. La fille et la servante se sauvent par derrière, en sautant par une fenêtre du premier. On menace
d'incendier la maison. La municipalité est instruite de ce qui
se passe ; elle se cache ; on vient m'en instruire ; je cours à la
municipalité ; je n'y trouve personne ; je fais chercher Jouan
ou quelque autre membre. Jouan s'était réfugié au club ; j'y
vais ; je lui parle, je l'exhorte, j'ordonne, je menace. Il part,
mais lentement. Je reviens à la commune ; Jouan temporisait
sous prétexte qu'il n'y avait pas assez de citoyens avec lui.
Cependant les dévastations continuaient chez Laperche. J'entends que la troupe donnait la générale. Je sors avec Farcit et
quelques citoyens sans armes. Nous allons vers la maison de
Laperche. En allant, nous rencontrons une troupe de soldats
mutinés ; je veux leur parler pour les ramener à l'ordre : ils me
menacent. Je tire mon écharpe pour me faire reconnaître, les
sabres sont levés sur ma tête. Des citoyens m'entraînent chez
Mathieu Arthaud. Un instant après Jouan passe avec la force
armée. Le commandant du bataillon avait déjà fait cesser le
pillage et la dévastation. La nuit fut calme, mais le lendemain

---

Les jacobins dominaient et les modérés, traités de fédéralistes, de protecteurs
d'aristocrates, et par conséquent disqualifiés, durent courber la tête. Le
18 juillet 1793, la municipalité de Tonneins demandait au Département la dissolution du Cercle, dont elle avait fait consigner et désarmer les membres les
plus influents. Agen fit la sourde oreille et, fidèle à ses douces habitudes, se
garda bien d'intervenir. Le 10 septembre, Jouan le Jeune renouvela cette petite
opération de police : il fit incarcérer treize citoyens et désarmer cinquante
membres du Cercle qu'il consigna chez eux. Cette fois, le Département s'émut
et désigna l'un des administrateurs, Filhastre, pour procéder à une enquête sur
place. Jouan et la municipalité se livrèrent alors à un simulacre attendrissant
d'union et de réconciliation générales, dont le bon Filhastre fut la dupe. Le
commissaire du Département parti, les événements reprirent leur cours naturel
et la lutte continua ; elle aboutit à la dissolution du Cercle social, sur l'ordre
des représentants du peuple en mission. (Archives de Lot-et-Garonne. Délibération de la Société populaire de Tonneins. Registres de correspondance, et
Bonnat, *Les Troubles de Tonneins*, *op. cit.*)

on mène dans mon bureau deux soldats de ce bataillon, qui déclarent que certains citoyens — qu'ils désignèrent assez pour voir que Jouan était à leur tête — avaient fait boire et manger les plus déterminés d'entre eux pour qu'ils fussent dans la nuit piller et égorger les propriétaires de plusieurs maisons qu'ils désignèrent et marquèrent à la craie. On imagine bien que je n'étais pas oublié. Je fis partir le lendemain un exprès pour donner avis au Département de ce qui s'était passé et de ce qui avait été déclaré. Mais le Département, faible et craintif, n'osa rien faire ni entreprendre contre ce bataillon, ni contre la municipalité de Tonneins (1).

Dans ce même temps, la municipalité de Toulouse députa vers celle de Tonneins un commissaire. Jouan, à qui il fut adressé, convoqua le club à mon insu. Je ne m'y rendis pas. Mais on me rendit compte que ce commissaire nommé Julien, après avoir fortement tonné contre les Bordelais, après avoir, pour mieux dire, exhorté les sans-culottes à se défaire de tout ce qu'ils regardaient pour suspect dans les communes du district, avait demandé que le club nommât un député pour aller à Toulouse se joindre à d'autres députés et au représentant du peuple Chabot, qui y était alors, pour prendre des mesures pour un massacre général (2). Venés, membre du tribunal

---

(1) J'ai raconté cet incident dans la *Revue de l'Agenais* (1905, p. 174), d'après les procès-verbaux du conseil du département et le récit d'un des chasseurs entendu par l'administration. C'est le 10 juin 1793 qu'eut lieu la scène dont parle Verdolin. L'arrivée du commandant et des officiers du bataillon y mit fin. Le conseil général de Tonneins n'en félicita pas moins Jouan le Jeune « d'avoir *à lui seul arrêté* les excès commis par 200 soldats qui revenaient de la Vendée ! » On voit par le récit de Verdolin, confirmé par les textes officiels, ce qu'il faut penser de ces félicitations.

(2) C'est le 24 mai 1793, que Julien, agent de Robespierre, vint « inviter la société populaire à envoyer un membre de cette société à Toulouse, pour se concerter avec les autres députés de toutes les sociétés majeures de dix-sept départemens voisins des Pyrénées sur les mesures à prendre pour l'intérêt de cette frontière. » (Délibération de la société populaire). Il s'agissait encore — d'après la déclaration de Venés au conseil du département — de « prendre des mesures de sûreté générale... tendantes à démasquer tous les complots qui pourraient être formés contre la Liberté et l'Egalité. » (Archives de Lot-et-Garonne, série L. 30, p. 143.)

Le représentant du peuple Chabot, dont parle Verdolin, était l'élégant capucin qui prit femme, à la Révolution, et fut député à la Législative et à la Con-

YSABEAU, Conventionnel
en mission dans le Lot-et-Garonne

judiciaire de Tonneins, fut nommé député (1). Ils devaient partir le lendemain. Je me concertai avec Farcit et quelques autres citoyens; Girodeau, Harmand et Crebessac étaient déjà terrorisés. Je fis partir un gendarme dans la nuit pour remettre au Département une lettre, dans laquelle je lui marquais ce qui se passait. Mais le Département se borna à faire arrêter Venés et Julien et leur laissa ensuite continuer leur route pour Toulouse (2). Mais les habitans de Toulouse, qui connurent sans doute les dangers d'une telle réunion, la bafouèrent et la dissipèrent par la force et Venés se retira honteusement à Tonneins, après avoir, dit-on, reçu des coups sur les épaules.

Quelques jours après les représentans du peuple Ysabeau 3)

---

vention. Rédacteur du journal *Le Catéchisme des Sans-Culottes*, il fut l'un des membres les plus influents du club des Jacobins. Accusé de malversations par Robespierre, il fut décapité le 5 avril 1794.

(1) Venés fut élu en remplacement de Jouan le Jeune, qui refusa la mission dont l'avaient chargé les sans-culottes de Tonneins. Le voyage à Toulouse se faisait aux frais de la société.

Venés avait été élu membre du conseil du département et juge au tribunal du district (19 novembre 1792). Il opta pour cette dernière place, mieux rétribuée, et donna sa démission d'administrateur en septembre 1793. C'était un des membres les plus assidus de la société populaire où il avait fini par se créer une spécialité : celle de chanteur. A la prière de ses collègues du club, ou plus exactement sans se faire prier, il grimpait souvent sur l'estrade où se tenait le bureau, et, la tête coiffée du bonnet rouge orné de la cocarde tricolore, il entonnait, au milieu des applaudissements de l'assistance, quelques couplets patriotiques de sa composition. Jouan le Jeune, qui l'honorait de son amitié, le qualifiait toujours de *patriotique* Venés.

(2) Venés et Julien furent, en effet, arrêtés par le Département le 27 mai 1793. On les retint pendant une heure environ, puis on les relâcha, après que Venés eut expliqué à ses collègues du conseil la mission dont l'avait chargé les sans-culottes de Tonneins. Il leur demanda même l'autorisation de les représenter *officiellement*, ce qui lui fut refusé, mais on le laissa libre de continuer sa route et d'agir comme il l'entendrait. Cette arrestation, ou plus exactement cette entrave apportée à l'exécution de la mission confiée à Venés eut le don d'exciter la colère de la société populaire de Tonneins qui protesta énergiquement, le 26 mai, par la voix de Jouan le Jeune.

Venés ne resta pas très longtemps à Toulouse. Le 9 juin, il avait repris sa place au club jacobin.

(3) Claude-Alexandre Ysabeau, ex-oratorien, ex-curé de Saint-Martin de Tours, député d'Indre-et-Loire, plus tard membre du Conseil des Anciens. Sous l'Empire, il fut employé des postes à Paris ; proscrit par Louis XVIII, il mourut en 1831. (Aulard, *Recueil des Actes du Comité de Salut Public*, t. III, p. 215.)

et Baudot (1) vinrent à Tonneins. Ils se rendirent d'abord au district, accompagnés d'un grand nombre de citoyens, qui remplirent la salle des séances. Leur arrivée imprévue me fit plaisir, par l'espoir que j'avais que par leurs conseils ou autrement ils mettraient fin aux persécutions que j'éprouvais de la part de la municipalité de Tonneins, qu'ils ramèneraient au devoir (2). Mais quelle fut ma surprise, lorsque par leurs discours suivis et non interrompus, qui durèrent pendant plus d'une heure, je les entendis exhorter le peuple à violer le respect dû aux personnes et aux propriétés ; que la Convention dont ils étaient membres avait détruit et anéanti l'aristocratie nobiliaire et sacerdotale ; qu'il fallait qu'à son tour le peuple détruisit et anéantit l'aristocratie mercantile et bourgeoise, ennemies nées du peuple ; qu'il fallait réduire l'infâme ville de Bordeaux à la misère et à la famine, en interceptant tout ce qui lui serait envoyé par terre et par eau. Je frémis d'horreur et d'indignation en entendant de tels discours. Je crus de mon devoir de leur dire que le peuple n'avait pas de meilleurs

---

(1) Marc-Antoine Baudot, médecin à Charolles, député de Saône-et-Loire à la Législative et à la Convention, décrété d'accusation en 1795, chef de division au ministère de la guerre sous Bernadotte, retiré sous l'Empire, proscrit en 1816 par Louis XVIII, mort à Moulins, dans son pays d'origine, en 1837. « Il a laissé des *Mémoires* dont Edgar Quinet a donné des fragments » dans sa *Révolution* (Aulard, *op. cit.*, p. 215.)

(2) Verdolin ne pouvait ignorer que les représentants du peuple venaient à Tonneins pour « épurer » les autorités constituées.

La lutte entre la municipalité et le district était, à cette époque, plus ardente que jamais. Elle se poursuivait à coups d'arrêtés contradictoires et perfides. Le 3 août 1793, Verdolin, d'ordinaire plus calme et plus réservé, n'hésita pas à attaquer violemment la municipalité qui venait de faire emprisonner les citoyens Guichard et Galup, « sous prétexte qu'ils avaient causé du trouble à la société populaire ». Les citoyens de Tonneins, dit Verdolin, sont « las et fatigués des persécutions que leur fait éprouver depuis quelque temps la municipalité, soit par des incarcérations illégales, soit par des menaces, soit par des dénonciations calomnieuses faites au Département, à la Convention, aux Sociétés populaires ». Sur sa réquisition une lettre de reproche et de protestation fut adressée à la municipalité.

La riposte ne se fit pas attendre. Le 4 août le conseil général de la commune protesta à son tour violemment contre la « diatribe » du District. Il tonna contre les administrateurs : « Le Conseil général ne s'épouvantera pas ni de vos menaces, ni de celles de ces prétendus honnêtes citoyens, selon vous victimes d'une persécution non méritée. Il fera passer à qui de droit l'historique vraie, mais scandaleuse, des Isaacs et des Ismaëls, comme des Géroboams qui divisent

Le Conventionnel BAUDOT

amis dans le district que la classe mercantile et bourgeoise qu'ils venaient de proscrire et que je ne connaissais pas le crime dont les Bordelais avaient pu se rendre coupables pour mériter un pareil traitement.

Baudot me répondit avec fureur que ceux qui prenaient ainsi le parti des proscrits étaient aussi les ennemis du peuple. J'allais lui répondre, lorsque le mielleux Ysabeau me demanda à quelle heure je serais visible le lendemain seul dans mon bureau ou chez moi, où il viendrait pour conférer avec moi et me communiquer des choses de la plus haute importance, ajoutant que les renseignemens qu'ils avaient eus sur mon compte les assuraient qu'ils pouvaient me donner leur entière confiance. Je répondis à cette honnêteté, en leur demandant leur heure pour le lendemain dans leur logement. Ils persistèrent à vouloir venir ; ils se levèrent, prirent congé du Dis-

---

les tribus et attendra avec patience un tribunal plus équitable que celui de Saint-Yves et de Lévi (sic) et se tiendra ferme au poste pénible et désagréable que leurs commettans et la loi leur ont assigné, quoique vos manœuvres le rendent insoutenable. En finissant, ils vous déclarent que le Conseil général de la commune ne peut plus vous accorder sa confiance et termine cette désagréable missive avec la douleur et l'indignation la plus profonde et avec les sentimens qui vous sont dûs ! » Suivait une autre réponse, moins violente, plus habile et plus souple de Jouan le Jeune, qui est évidemment l'auteur de la première.

Le 9 août suivant, 110 citoyens venaient protester au Directoire « contre le despotisme de Jouan, procureur de la commune et contre la Société populaire. » Verdolin, dans des considérants très durs, fit constater par le Directoire que « les citoyens de Tonneins ne jouiraient jamais de leur tranquillité tant que le procureur de la commune conserverait ses fonctions, et d'après les vexations dont il se rend coupable depuis longtemps, le directoire persistait dans ses précédents avis tendant à le suspendre de ses fonctions. » (Archives de Lot-et-Garonne, série L. Délibérations du directoire de Tonneins.)

La lutte, on le voit, était dans sa période aigue. Il fallait qu'à bref délai l'un des adversaires succombât et, naturellement, ce devait être suivant le mot du conventionnel Mailhe, « le républicain luttant contre un jacobin ».

Déjà, à la société populaire, le 15 août 1793, Jouan avait demandé la destitution de tous les administrateurs fédéralistes. Déjà, il avait annoncé que les représentants du peuple lui donneraient satisfaction. Déjà le 22 août, sa parole véhémente avait trouvé un puissant écho dans l'assemblée quand il avait exigé « que les maisons des monstres que la Convention a vomis de son sein fussent rasées ; que leurs écrits fussent brûlés ; que leurs noms infâmes ne passent à la postérité que comme ceux des Nérons, des Commodes, des Héliogabales ; qu'ils fussent rayés de tous les registres publics et que leurs têtes tombassent sous le fer de la guillotine. »

trict. Mais j'étais si plein et si indigné de leurs discours devant le peuple, que je n'eus la force de les accompagner que jusqu'à la porte extérieure du district, où je pris congé d'eux sous prétexte que des affaires m'appelaient dans mon bureau.

Crebessac les accompagna. Ils se rendirent d'abord sur la place où ils haranguèrent encore le peuple comme au district, puis ils furent à la municipalité, où Jouan déclama fortement contre le District et particulièrement contre moi qu'il dépeignit comme le protecteur le plus déterminé des aristocrates et des royalistes et comme le persécuteur le plus acharné des patriotes. De là, ces représentans, accompagnés de la municipalité et d'une foule innombrable de peuple, se rendirent au club où je me rendis aussi et où j'entendis la répétition des discours prononcés au District (1). Il est facile de concevoir que je ne dormis pas beaucoup dans la nuit. Cependant, ayant convoqué le lendemain Crebessac, Girodeau, Harmand et Farcit, membres du directoire du district, nous décidâmes d'aller faire visite aux représentans chez Bacqué, où ils étaient logés. Nous y trouvâmes Jouan, Henry Arthaud et Dubois qui avaient soupé avec eux la veille. Ils sortirent à notre arrivée. Baudot était dans son lit ; il se leva. A peine fumes-nous assis qu'Ysabeau me dit qu'il va me remettre un arrêté qu'ils venaient de prendre pour la destitution de Brunet-Latuque, président du tribunal judiciaire de Tonneins (2, à qui je devais le notifier moi-même. J'eus beau leur représenter que les principes de Brunet ne leur étaient sans doute pas connus, qu'ils

---

(1) C'est le 17 septembre 1793 que Baudot et Ysabeau se rendirent à la société populaire. On les attendait depuis le 22 août ; la citoyenne Girou s'étonnait de ce retard : « Ces brigands sont donc en prison à Bordeaux. s'écria-t-elle ! » Ce propos, répété aux amis de Jouan, motiva son exclusion du club. Les conventionnels venaient de La Réole. Dans leurs discours, très violents, ils annoncèrent leur intention de destituer les fédéralistes et d'épurer les autorités constituées.

(2) Brunet-Latuque, avait été constituant, puis, le 11 octobre 1790. élu premier juge, c'est-à-dire président du tribunal du district de Tonneins par 10 voix sur 62 votants ; constamment réélu, notamment le 19 novembre 1792. A la société populaire de Tonneins, on l'appelait Judas-Latuque ou le traître Brunet !

avaient été trompés sur son compte, ils persistèrent et leur secrétaire Perrin d'Orval, prenant la parole, dit qu'il était étonnant que j'osasse faire des représentations et que j'en verrais bien d'autres. Il me fut facile d'entendre ce que cela voulait dire. Je demandai à Ysabeau l'heure à laquelle il voulait venir au district. Il me répondit que leurs affaires les obligeaient à partir, mais qu'ils me transmettraient leurs ordres lorsqu'ils seraient rendus à La Réole. Nous nous retirâmes. Je fus de suite, la larme à l'œil, porter la destitution à Brunet, qui en exigea la notification par un gendarme. Nous présageâmes ensemble partie des maux qui nous sont arrivés. Je me rendis dans mon bureau que je mis en règle, et trois jours après, un gendarme vint me porter par l'intermédiaire de la municipalité de Tonneins ma destitution. A peine l'eus-je reçue que je partis pour me retirer chez moi (1).

----

(1) A la date du 22 septembre 1793, le successeur de Verdolin a pris possession depuis quelques jours des fonctions de procureur-syndic (Correspondance du département, série L , Archives de Lot-et-Garonne.) Au reste, depuis le 26 août 1793, Verdolin se fait toujours remplacer par Harmand, substitut du procureur-syndic. Son nom ne parait plus dans les procès-verbaux du district. Le secrétaire Girou, à qui la municipalité avait refusé un certificat de civisme, disparaît avec lui ; il est remplacé par Frézal, chef de bureau, puis par Merle, secrétaire de l'administration du district nommé par les représentants en mission. Ce dernier prit possession de son poste le 20 septembre 1793.

CHAPITRE IV

LA TERREUR (1793-1794)

Rendu à Aiguillon, les Coq, les Nugues, les Lacroix, les
Cabanes, les Carrion et autres me fuyaient. Je les voyais sans
cesse avec Mautor et Merle, médecin, Nebout et autres, contre
lesquels nous avions été ensemble dans les affaires du procès (1).
Je me hasardais quelquefois d'aller les joindre. Les premiers fuyaient presque toujours à mon approche. Je me fami-
liarisai peu à peu avec les derniers. Cependant arriva la loi
du 17 septembre 1793 qui frappait d'arrestation les fonc-

---

(1) Il s'agit encore des comptes des anciens consuls d'Aiguillon.

tionnaires publics destitués qu'on regarderait comme suspects (1). Déjà les clubs avaient reçu l'impulsion de s'épurer.
A Aiguillon, comme ailleurs, on avait formé un noyau d'épuration (2). Ce noyau ne me paraissait pas favorable. Cependant le représentant du peuple Paganel vint à Aiguillon avec
Jouan, Henry Arthaud et Borderie (3). Ils vont au Club ; ils
parlent. Je m'y rends ; on casse d'abord le club ; on forme un
autre noyau. Paganel et sa suite se retirent au château. A
l'instigation de Jouan, Dubouil, Lacroix et autres prennent la
qualité de députés du club. Ils se rendent devant Paganel.
Cette députation, Dubouil portant la parole, demande mon
arrestation comme fonctionnaire public destitué et suspect.
J'ignore cette dénonciation. Je vais le lendemain faire visite
à Paganel. Il me reçoit froidement. J'en ignorais la cause.
Paganel part pour Agen. Jouan et sa suite se retirent à Tonneins pour se constituer en tribunal révolutionnaire. Deux

---

(1) Le décret du 17 septembre 1793 visait non seulement les fonctionnaires
destitués, mais encore tous les gens suspects. Et le décret regardait comme
tels : 1° ceux qui, soit par leur conduite, soit par leurs relations, soit par leurs
propos ou leurs écrits, s'étaient montrés partisans de la tyrannie ou du fédéralisme et ennemis de la liberté ; 2° ceux qui ne pourraient pas justifier de leurs
moyens d'existence et de l'acquit de leurs devoirs civiques ; 3° ceux à qui il
avait été refusé des certificats de civisme ; 4° *les fonctionnaires publics suspen-
dus ou destitués de leurs fonctions par la Convention ou ses commissaires* ;
5° les ci-devant nobles qui n'avaient pas constamment manifesté leur attachement à la Révolution ; 6° ceux qui avaient émigré dans l'intervalle du 1er juillet
1789 à la publication du décret du 30 mars-8 avril 1792, quoiqu'ils fussent rentrés
en France dans le délai fixé par ce décret ou précédemment.

(2) Ces sociétés populaires « épurées » prirent en général, dans le département
de Lot-et-Garonne, le nom de « *Société des Amis de la Constitution de 1793
strictement régénérée* ».

(3) Paganel venait d'Agen où, du 16 septembre au 14 octobre, il n'avait cessé
de procéder à l'épuration des autorités constituées. Pendant cette période mouvementée, toute une série de représentants du peuple passa par Agen :
Tallien, Paganel, Ysabeau, Baudot, Dartigoeyt, Monestier (du Puy-de-Dôme),
Pinet, Leyris, Chaudron-Rousseau.
Paganel partit pour Toulouse le 27 vendémiaire an II. Pendant le séjour
qu'il y fit, Jouan revint à Aiguillon. Il y fut reçu solennellement par la Société
populaire le 24 octobre 1793. Discours, chants, banquet, rien n'y manqua, pas
même la « couronne civique que Jouan déclara n'accepter qu'à la condition
d'en « décorer le buste du vertueux Marat » ornant la salle des séances de la
Société de Tonneins. (*Inventaire de la série L.* p. 43 a et délibérations du club
de Tonneins, séance du 25 octobre 1793.)

Le Conventionnel PAGANEL
ci-devant curé de Noaillac

jours après, j'apprends par la voix de Carrion la dénonciation faite contre moi. Je pars pour aller joindre Paganel à Agen. Il me reçoit plus froidement encore ; il se borne à me dire qu'il va écrire au Comité de Salut public et que mon arrestation ne sera pas longue s'il ne peut l'éviter.

Je me retire à la campagne. Etant un jour à dîner chez ma mère, ma fille, toute essoufflée, vint me dire qu'un détachement de la garde nationale d'Aiguillon est chez moi, à la campagne, pour m'arrêter et me conduire en prison à Aiguillon. Je me rends chez moi. La garde nationale me conduit à la commune. Léaumont, maire, Coq, procureur de la commune, et autres y étaient. Mon malheur paraît les effrayer. Ils veulent se retirer. Je demande en vertu de quels ordres je suis ainsi arrêté et conduit. On me répond que des gendarmes sont venus leur en intimer l'ordre. Je demande, je prie qu'on me procure quelqu'un qui veuille partir de suite, en payant, pour aller à Agen porter une de mes lettres à Paganel qui y était encore.

Les municipaux sont sourds à ma demande. Un sourire malin et satisfait me fit juger du plaisir de quelques-uns. Un seul citoyen, Janot-Manset, que je ne connaissais presque pas, se présente à moi, m'offre ses services, se donne des mouvemens et me procure pour exprès un nommé Piarrille, lors domestique chez Grenier, aubergiste. Cependant j'obtiens de la municipalité qu'au lieu de me garder en prison elle me laisserait chez moi jusqu'à la réponse de Paganel. On me donna une garde de quatre citoyens parmi lesquels devait être Lacroix qui eut honte sans doute de venir et se fit remplacer. La réponse de Paganel que je reçus dans la nuit fut évasive et négative. Je sus que je devais être traduit à mes dépens à Nérac. J'étais lors sans argent. Mon épouse fut en emprunter chez la veuve Dayre. L'épouse de Lacroix, instruite sans doute de ma détresse, vint m'en offrir. Je refusais et j'eus la force d'âme de la remercier sans lui témoigner le moindre mécontentement contre son mari, à qui j'avais rendu des services essentiels comme parent de mon épouse. Le lendemain, tandis que mon épouse et ma famille fondaient en larmes, un gendarme vint me prendre. Je m'arrache lors aux embrassades et aux sanglots de ma famille. Je traverse la ville ainsi escorté ; mes concitoyens qui me voient fuient devant moi. Je me rends à une voiture où je trouve Lavigné, Lafargue (1) et l'abbé Lassuderie, escortés par d'autres gendarmes. Le désespoir dans l'âme et la rage dans le cœur j'arrive au Port, chez Gimat.

Le peuple, peu accoutumé encore aux arrestations, se précipite en foule sur notre passage. Ceux qui me connaissaient se demandaient quel crime je pouvais avoir fait. J'entendais les uns dire que j'étais coupable de vol ; les autres, que j'avais prévariqué dans mon état, etc... Nous arrivâmes ainsi à Nérac, dans l'auberge du citoyen Taverne (2) où nous sommes déposés, la municipalité de Nérac n'ayant pas encore préparé de maison de réclusion. La gendarmerie va annoncer notre arrivée à la municipalité, qui, pendant huit jours, nous envoya douze gardes nationaux pour nous garder. Nous fûmes obligés de payer fort chèrement et la gendarmerie et la voiture qui nous avaient conduits et de donner quarante sols par jour à chaque garde-national qui nous gardait chez Taverne et qui avait la consigne de ne nous laisser communiquer avec personne.

Au bout de huit jours, la gendarmerie de Nérac vint nous prendre et nous défilames entre deux haies de gardes-nationales dans la maison du citoyen Trenqueléon (3), désignée pour le lieu de la réclusion, où nous trouvames les citoyens Duvigneau et Ninon, de Moncrabeau (4), qui venaient d'y arriver et qui avaient choisi les appartemens les plus commodes.

---

(1) Lafargue-Tauzia que nous retrouverons reclus avec Verdolin, à Nérac. A la fin de juin 1792, il avait été dénoncé par Jouan le Jeune pour « actes et propos inciviques ».

(2) Cet hôtelier de Nérac fut, en frimaire an III, adjoint au commissaire chargé du recensement des grains destinés à l'armée des Pyrénées. (Bonnat, *Invent. série L.*, p. 48 *a.*)

(3) Charles de Batz de Trenqueléon.

(4) Il s'agit probablement de Ninon qui fut plus tard président de l'administration cantonale de Moncrabeau, puis administrateur du département le 6 brumaire an VII, en remplacement du citoyen Jalabert. démissionnaire. Il fut installé dans cette dernière fonction le 12 brumaire suivant. (Arch. dep. L. 102. pp. 232 et 254.)

Lavigne nous avait quitté et avait été traduit à Agen (1). Rendu dans cette maison de réclusion, imaginant avec raison que notre compagnie augmenterait bientôt, je pris une chambre au troisième. Mais ces malheureux de Tonneins en firent autant. Dans moins de trois jours, nous fûmes au nombre de vingt, et successivement le nombre s'augmenta tellement qu'il n'y eut plus de place pour placer un grabat, jusques-là qu'un ci-devant baron de Montaut, homme âgé de près de quatre-vingts ans, d'une figure honnête et respectable, étant arrivé et n'y ayant d'autre place à mettre son grabat que sous les degrés de l'escalier, je me sentis obligé, par le respect que cet homme m'inspira, de lui offrir la portion de la chambre que j'occupais pour me réduire dans un galetas, ce que j'eus toute la peine du monde à lui faire accepter.

Cette honnêteté fut cause que cet homme me força à accepter sa table, à laquelle il ne me laissait fournir que quelques petits plats que je faisais porter de l'auberge — ce à quoi il n'avait voulu consentir que pour ne pas m'humilier — et qui était si bien servi, car cet homme était très riche, que dans moins d'un mois j'épaissis singulièrement.

Je ne détaillerai pas ce qui se passait dans cette maison d'horreur. Je dirai simplement que presque tous les reclus étaient d'une honnêteté sans égale, à l'exception du citoyen Lafargue-Tauzia, de Tonneins, qui n'ayant pas la force sans doute de supporter ses malheurs, rendait les nôtres plus pesans et plus désagréables par sa malhonnêteté et sa brutalité envers tous les reclus. Dans le nombre de ceux de Nérac, il en était, et entre autres Darbissan, Bouet, etc., qui étaient suspects aux pères d'émigrés et autres qui m'en avertirent. Mais la franchise de mes principes me valut la confiance des uns et des autres et je vivais bien avec tous.

---

(1) Lavigne avait été renvoyé à Agen par ordre de Paganel. Il y jouissait d'une liberté relative. Il n'en fallut pas plus pour motiver une protestation de la société populaire de Tonneins, qui décida de dénoncer Paganel à la Convention nationale. (8 et 11 octobre 1793.)

Chaque jour une garde nombreuse, avec un membre du comité de surveillance révolutionnaire de Nérac, gardait la maison de réclusion. Un jour, étant dans la cour, un homme m'accoste et me demande si je ne suis pas Verdolin. Je lui réponds que oui.

— « Me reconnais-tu, me dit-il ? »

— Non !

— Je suis Bordes, membre du comité de surveillance à qui mon ami Dubouil t'avait recommandé lors de l'assemblée électorale de Nérac. Qu'as-tu fait pour avoir mérité d'être ainsi traité ? Je te croyais patriote !

Je lui racontais mes malheurs. Je lui dis que mes principes étaient toujours les mêmes, que je n'étais coupable que de justice et de probité et que ce même Dubouil qui, dans un autre temps, m'avait préconisé, était devenu mon ennemi sans que je l'eusse mérité, et qu'il était aujourd'hui l'un des auteurs de mon malheur.

Cet homme, sensible sans doute à mon récit, m'exhorta à être tranquille et me promit d'adoucir autant qu'il serait en lui les horreurs de ma détention. Et en effet, depuis ce moment, je ne payais plus de garde comme je l'avais fait jusqu'alors. Le concierge me fournit tous les moyens d'écrire et de recevoir des lettres, ce qui n'était pas permis aux autres reclus. Il me fut même offert de sortir, si je le voulais, pour aller promener le soir. Par ce moyen, j'ai beaucoup servi aux autres reclus pour leur correspondance avec leur famille. J'eus une chambre non barrée, donnant sur la rue, mais que l'indiscrétion de certains autres reclus fit barrer dans la suite, en s'en servant trop ostensiblement. Le concierge m'avait annoncé que je n'étais pas sujet à l'appel qui se faisait à 10 heures du soir. Cependant je m'y rendais. En un mot, j'étais libre autant qu'on pouvait l'être dans une maison de réclusion.

Cependant mon cœur était déchiré par les scènes d'horreurs que je voyais se renouveler chaque jour sur les autres détenus. Tantôt leur soupe et autres alimens, que leur famille leur envoyait du dehors, étaient en ma présence touchés, fouillés et bouleversés par les mains crasseuses des gardes — j'en ai même

vus qui y ont craché dedans. Tantôt un père, Josselin (1), voyant
son fils, court ; la porte s'ouvre ; ce fils chéri se jette à son col ;
le père et le fils tombent évanouis sur la porte. Les gardes les
séparent, les emportent l'un dehors, l'autre dedans, les insul-
tent, les menacent et les frappent. Tantôt un malheureux père,
Capot-Quissac (2), apprend que sa fille unique, dans sa maison, à peine âgée de 17 ans, est dans les bras d'un membre du
comité (Duniagon), qui l'a séduite jusqu'au point de se faire
livrer l'argent et l'argenterie que ce malheureux avait cachés
dans un mur de sa maison. En vain ce malheureux père
réclame que sa fille soit remise dans les bras de son
frère et qu'on garde, si l'on veut, l'or et l'argenterie. Il ne
reçoit d'autre réponse que la menace de le mettre au cachot
s'il ne demeure pas se taisant.

Je ne rapporterai pas les autres scènes scandaleuses, plus
affligeantes les unes que les autres. Je me bornerai à dire
combien je fus moi-même affecté, lorsqu'un jour, mon ami,
mon fidèle Roussille, qui au moins venait une fois par décade
me voir et me porter ce dont j'avais besoin, fut brusquement
arrêté à la porte par le garde qui ne voulut pas le laisser entrer.
Cet homme, habitué à entrer sans obstacle, eut beau prier,
j'eus beau prier moi-même à travers la grille qui nous séparait,
on persista à refuser. Un garde le bourre avec son fusil ; il
tombe, il se relève, pleure en m'appelant « *mon cher maître* ».
Le cœur déchiré de douleur, je rentre dans ma prison. Je me
livre aux réflexions les plus sinistres, je perds l'appétit, je ne
dors plus, je tombe malade. Tous les reclus, à l'envi les uns
des autres, se disputent le plaisir de me rendre service. L'un
veut faire le bouillon ; l'autre fait la tisane ; tous m'offrent les
services les plus abjects (*sic*). Leur honnêteté aggrave mon
mal. Un officier de santé est envoyé. Je le prie de demander
la permission de me faire transporter à l'auberge chez Taverne
pour y être soigné. Cette permission qui n'avait été accordée,

---

(1) Il appartenait à la famille de Jausselin ou Josselin de Brassay. (Voir
Samazeuilh, *Biographie de l'arrondissement de Nérac*, pp. 361 et suiv.)

(2) Sur les Capot de Quissac, voir Samazeuilh, *op. cit.*, pp. 179 et 180.

quoique demandée, à aucun reclus, m'est donnée. On me
transporta dans une chaise à porteurs. Un membre du comité
que je ne connaissais pas, Barrère, est sur la porte. Il me
déclare que je n'aurai pas de garde ; il m'exhorte à être tranquille sur mon sort et finit par recommander à la femme
Taverne et à l'officier de santé qui m'avait accompagné d'avoir
bien soin de moi et que, si je ne pouvais pas payer, le comité
payerait.

A peine mon épouse et ma fille furent-elles instruites de
ma maladie qu'elles volèrent à Nérac. Par leurs soins et leur
présence ma santé se rétablissait chaque jour. Barrès, l'officier
de santé qui me voyait, homme sage et honnête, m'instruisait
de ce qui se passait. Je vis par les colloques que j'avais avec
lui que la vie des reclus était en danger. Je conçus l'idée de
me faire mettre entièrement en liberté. En conséquence, demeurant instruit que les citoyens Diché (1) et Sembauzel (2), mes
camarades de collège et que je croyais être mes amis, parce que
dans toutes les occasions je leur avait prouvé — surtout au premier — que j'étais le leur (lorsque nous étions à Bordeaux, à
suivre le Palais, j'avais souvent partagé ma modique pension
avec lui pour l'aider à vivre) ; demeurant instruit, dis-je,
qu'ils étaient parfaitement liés avec les représentans du peuple Ysabeau, Tallien (3) et Paganel (4), lors en mission dans

----

(1) Diché était secrétaire en chef de l'administration départementale depuis
le 11 mars 1792. Il fut réélu le 20 juillet et le 26 novembre de la même année.
(*Invent. de la série L.* pp. 21 *a*, 24 *b*, 27 *b*.)

(2) Sembauzel, membre de l'administration départementale, fut désigné par
le représentant Tallien comme procureur général syndic (25 septembre 1793) à
la place de Coutausse, destitué.

En 1790, il avait signé avec Besançon, Roche et Boé, une circulaire invitant
les curés de campagne à faire connaître *la Feuille villageoise*. Le 30 frimaire
an VIII, il fut nommé directeur des contributions directes.

(3) Né à Paris en 1760, mort en 1820 ; il représentait la Seine-et-Oise à la
Convention. C'est lui qui provoqua la chute de Robespierre au 9 thermidor. Il
épousa la belle Thérèse Cabarrus, épouse divorcée d'un conseiller au Parlement.
Davis de Fontenay. En 1805. Madame Tallien, de nouveau divorcée, épousa le
comte de Caraman, plus tard prince de Chimay. Elle mourut en 1835.

(4) Paganel était revenu à Agen. Le 27 brumaire an II. par un arrêté lu au
conseil du département, il érigea le tribunal criminel de cette ville en tribunal révolutionnaire « à l'instar de Paris. » (*Inventaire de la série L.* p. 47 *a*.) Il
était encore à Agen en frimaire an II.

le département, je me déterminai à prier ma femme d'aller à
Agen les prier de solliciter mon élargissement. Vaines espé-
rances ! J'étais pauvre, j'étais malheureux et j'ai appris depuis
que Diché, pour se débarrasser de ma femme, avait promis
d'agir — ce qu'il n'avait jamais fait — et que Sembauzel avait
répondu qu'il ne pouvait rien.

Ma femme, rendue à Aiguillon à son retour d'Agen, apprend
que le comité de surveillance de Tonneins a ordonné que je
serais traduit à Bordeaux et que la gendarmerie était partie
pour me traduire (1). Imaginant avec raison que j'étais perdu
s'il en était ainsi (2), elle se détermine à partir pour Bordeaux.
Mais, avant, elle veut se munir d'une délibération de la société
populaire d'Aiguillon qui atteste mon civisme et mes principes. J'ai appris d'elle et d'autres, qui me l'ont attesté depuis,
que toute la société se prononça ainsi que je le méritais ; que
Dubouil seul, alors président, et Mautor, secrétaire, se refusè-
rent à signer, ce dernier sous prétexte qu'il avait mal au
doigt, mais il est facile de deviner le motif qui le dirigeait.
Ma femme partit donc en poste par un temps des plus durs
avec sa nièce, Barrier aînée, qu'elle pria de l'accompagner.
Arrivée à Bordeaux où tout était dans le deuil et la désolation
par les horreurs révolutionnaires qui s'y commettaient, elle

---

(1) C'est le 7 nivôse an II que le comité de surveillance de Tonneins ordonna
le transfèrement de Verdolin dans une des maisons d'arrêt de Bordeaux. Voici
l'arrêté qu'il prit à cette occasion :

« Le citoyen Verdolin, procureur syndic destitué par les représentans du
peuple Ysabeau et Baudot, détenu dans la maison d'arrêt de Nérac par ordre
du comité de surveillance de Tonneins, sera traduit, mené et déposé dans une
des maisons d'arrêt de la commune de Bordeaux, département du Bec d'Am-
bés, par la gendarmerie nationale à la résidence de cette ville, à ses frais et
dépens, pour être jugé par les représentans du peuple Tallien et Ysabeau ou
par telle autre autorité qu'ils désigneront, d'après les pièces que les gendarmes déposeront entre les mains des juges à qui la connaissance devra appar-
tenir ; requérant, au nom de la loi, toutes les autorités constituées de prêter
aide, secours et assistance en cas de besoin aux citoyens Delsuc et Brustand,
gendarmes conduisant ledit Verdolin. Signé : Marat, ci-devant Jouan le
Jeune, Labarthe, Bégoulle, Aubié, Daguzan, Henry Arthaud, Brethon,
Lacombe aîné ». (Archives du Comité de surveillance, qui nous sont parvenues
par fragments.)

(2) C'était l'époque où Lacombe « opérait » à Bordeaux au tribunal révolutionnaire. Voir, à ce sujet, Vivie : *La Terreur à Bordeaux*, 2 vol. in-8°.

fut se morfondre dans les escaliers et les antichambres des représentans du peuple Ysabeau et Tallien qui y étaient alors.

Cependant mon épouse m'avait instruit de ce qui s'était passé à Agen, à Aiguillon, et de ce qui se passait à Bordeaux me concernant. J'étais agité entre la crainte et l'espérance, lorsque le troisième jour après le départ de mon épouse pour Bordeaux, on vint me dire dans mon lit que trois gendarmes de Tonneins, au nombre desquels était le beau-frère de Jouan (1), étaient venus me chercher pour me traduire à Bordeaux. D'abord, je me crus perdu. Puis reprenant mes sens, j'envoie prier les citoyens Bordes, membre du comité, et Barrès, officier de santé, de passer de suite dans ma chambre. Je leur raconte ce que je viens d'apprendre et les dangers que je cours si on n'empêche que je sois traduit à Bordeaux. En effet, Bordes et Barrès vont au comité ; ils attestent que je suis trop malade pour pouvoir être traduit. Le comité convoque le District. Les uns et les autres délibèrent que le comité de Tonneins était incompétent pour ordonner la translation d'un reclus qui était dans leur arrondissement et qu'en conséquence la gendarmerie de Tonneins serait renvoyée avec inhibitions et défenses d'attenter à ma personne (2). Bordes qui venait souvent me voir chez

---

(1) L'administration du département, qui avait blâmé Jouan et ses acolytes lorsqu'ils avaient en face d'eux Verdolin et le district, revint sur ses décisions pendant la Terreur, lorsque les représentants du peuple en mission eurent montré que Jouan était seul dans les bons principes. Faiblesse, pusillanimité, acceptation du fait accompli, crainte de compromissions, tels semblent avoir été les principes de l'administration du département.

Voici en quels termes, elle écrit à Jouan le Jeune, procureur général des sans-culottes du département, le 8 novembre an II.

« Au procureur général des sans-culottes. L'administration a entendu avec « le plus vif intérêt la lecture de votre adresse. Elle vous remercie de l'envoi « que vous lui avez fait. Elle a applaudi au style énergique et original qui « caractérise toutes vos productions ; elle est persuadée que s'il est un homme « propre à former des élèves républicains, à leur inspirer l'amour de la liberté, « la haine des despotes et des oppressions, c'est celui qui, défendant la Révo- « lution, a su combattre avec autant de courage que de succès, les aristo- « crates, les feuillans, les modérés, les faux patriotes, les muscadins, les mes- « sieurs culottés, les fédéralistes, les girondins et tous les côtés droits de toutes « les assemblées. Salut et fraternité ».

(2) C'est au moins ce qui fut dit à Verdolin. L'administration du district de Nérac, en prévenant de cette décision le district de Tonneins, se montra plus

Taverne, s'empressa de m'apprendre cette détermination. Je fus un peu rassuré. Mais ma fille, frappée du coup qui venait de me menacer, tomba malade Ce n'était pas assez de mes propres maux ! Ceux de ma fille me déchirèrent le cœur. Ayant besoin moi-même de consolation et de tranquillité, j'étais obligé de déguiser mes craintes pour rassurer celles de ma fille.

Dans ce même temps vint à Nérac un commissaire envoyé par Ysabeau et Baudot pour prendre des renseignemens au sujet de je ne sais quoi qui s'était passé à Nérac même (1). Il logea chez Taverne. Je le fis prier de passer dans ma chambre où j'étais détenu dans mon lit. Il vint. Je lui racontai succintement mes malheurs et ma conduite. Il se borna à me demander si je n'avais pas donné dans le fédéralisme. Je lui répondis qu'on m'en accusait, mais que je n'avais jamais su ce que c'était, et que j'avais toujours été le partisan zélé de la patrie. A ces mots, il me quitta sans mot dire.

Quelques jours après les citoyens Sembauzel et Dupin (2), de Damazan, administrateurs du département, vinrent en mission à Nérac. Ils logèrent chez Taverne. Je les fis prier, surtout Sembauzel, de passer dans ma chambre, ne pouvant me lever, ni n'osant sortir ; ils restèrent deux jours ; ils me firent espé-

---

réservée et moins affirmative. Le 13 nivôse an II, elle écrivait aux administrateurs de Tonneins qu'elle n'avait point « le droit d'ordonner l'élargissement des citoyens arrêtés » ; d'autre part les comités de surveillance ayant été modifiés, elle ne pouvait plus reconnaître comme légales les délibérations ou arrêtés de ces comités. « Vous ne blâmerez pas sans doute la prudence de notre conduite et nous sommes persuadés que, comme nous, vous croirez qu'il faut un ordre exprès des représentans du peuple pour opérer les translations mentionnées dans les procès-verbaux ou arrêtés des 7 et 9 de ce mois ». Il s'agissait non seulement de Verdolin, mais encore de Lafargue-Tauzia qu'on voulait tranférer à Tonneins. (Archives de Lot-et-Garonne, Série L., fonds du district de Nérac.)

(1) C'est Antony, juge de paix à La Réole, qui vint faire une enquête sur les troubles politiques et religieux survenus à Nérac le 7 nivôse an II. Il y fut envoyé par arrêté des représentants du peuple Ysabeau et Tallien le 11 nivôse an II et se présenta au District le 15 du même mois.

(2) Sembauzel était, nous l'avons vu, procureur général syndic du département. Un arrêté de Paganel, de nivôse an II, l'avait chargé provisoirement des fonctions de membre du directoire en remplacement du citoyen Gironde, malade depuis quelque temps. Quant à Dupin, il avait été nommé membre du directoire de Lot-et Garonne, le 25 septembre 1793, par le représentant Tallien qui « épurait » les autorités constituées.

rer et partirent sans vouloir me voir. Leroy m'envoya son domestique, Saint-Pierre, qui causa quelque temps avec moi.

Un soir, Bordes entre dans ma chambre ; il me dit qu'il vient d'apprendre que le comité de Tonneins avait de nouveau envoyé la gendarmerie pour m'enlever furtivement cette même nuit ; que le comité de Nérac venait de décider qu'il s'opposerait de vive force à mon enlèvement, si je voulais rentrer de suite dans la maison de réclusion, ce qu'il ne pourrait pas faire si je voulais rester dans l'auberge. Ma détermination fut bientôt prise. Je ramasse le peu de forces qui me restaient ; j'embrasse ma fille qui fondait en larmes, que je livre à des étrangers ; et je rentre en réclusion, escorté par Bordes et quelques-uns de ses amis qu'il avait pris au cas que, dans le trajet, la gendarmerie voulût m'enlever. Je ne saurais exprimer la joie et le plaisir que me témoignèrent mes malheureux compagnons d'infortune, qui déjà avaient été instruits des dangers que j'avais courus. Moi seul étais insensible à tout. Et je me regardais comme un revenant au milieu de squelettes encore vivants.

Cependant ma femme intriguait à Bordeaux. Elle sollicitait auprès des représentans du peuple mon prompt jugement. Le hasard veut que ce même. . . . . (1), lors secrétaire des représentans, lui parle, lui demande le sujet de ses sollicitations. Elle s'explique ; il lui dit qu'il connait cette affaire, qu'il m'a vu à Nérac et lui conseille de ne pas solliciter mon jugement, parce que quelques femmes avaient ainsi hâté la mort de leurs maris, et l'exhorte à se retirer. Il ne lui en fallut pas davantage. Elle part et revient à Aiguillon. A peine arrivée, elle apprend que Monestier, représentant du peuple (2), va se rendre à Marmande pour se prononcer sur le sort des détenus. Elle part, se rend à Marmande. Passant à Tonneins, elle est reconnue. Le comité fait partir en poste deux de ses membres avec un gendarme pour

---

(1) Le nom du secrétaire est laissé en blanc.

(2) C'est Monestier, de la Lozère (1755-1800), qu'il ne faut point confondre avec Monestier, du Puy-de-Dôme. Ce dernier vint également dans le Lot-et-Garonne.

BRUNET-LATUQUE, Constituant

devancer mon épouse et obtenir un ordre pour que je fusse traduit à Bordeaux. Mais Monestier leur avait répondu sans doute qu'il ne le pouvait pas, puisque, lorsque mon épouse lui parla, il répondit qu'il venait de donner l'ordre que tous les reclus du district de Tonneins seraient traduits dans la maison de réclusion qui y était.

La gendarmerie de Tonneins vint donc pour la troisième fois me chercher. Je m'arrachai des bras des malheureux reclus de Nérac ; leur vertu, la reconnaissance que je devais à leurs bons procédés à mon égard firent couler mes pleurs, et je fus mis dans une mauvaise voiture avec Lafargue, de Tonneins, et les malheureux Dupré et Taillac. Nous étions escortés par huit gendarmes et six commissaires du tribunal de Bordeaux. Passant à Aiguillon, le peuple, naturellement curieux, parut avoir horreur du traitement qu'on me faisait éprouver. J'eus la satisfaction de voir que toutes les portes, excepté quelques-unes, furent fermées ; personne ou presque personne ne parut. Cette ville que j'aimais tant me parut un désert. Je refusai l'offre d'un gendarme qui voulait m'accompagner à ma maison, si je désirais embrasser ma famille que je savais ne pas y être. Mon fils, à peine âgé de huit ans, s'était rendu au passage avec d'autres enfans. Il m'embrasse ; le malheur avait, pour ainsi dire, étouffé en moi le sentiment de la nature. Je n'étais sensible à rien. Nous arrivons à Tonneins ; il était déjà nuit, je me sépare des citoyens Taillac et Dupré, qui furent guillotinés à à Bordeaux le lendemain de leur arrivée, par la raison qu'ils étaient pères d'émigrés, remplis de lumières et de probité (1).

Me voilà donc rendu et enfermé dans la maison de réclusion de Tonneins où je trouvai MM. Brunet-Latuque, constituant (2),

---

(1) Bartouil-Taillac, de Nérac, ci-devant noble, âgé de 66 ans, fut condamné à mort le 23 prairial an II (11 juin 1794). Il fut guillotiné le même jour que son co-détenu Dupré-Pommarède (Lambert), 62 ans, de Moncrabeau, également ci-devant noble. (Vivie : *La Terreur à Bordeaux*, tome II, page 362.) Pierre de Bartouil-Taillac avait été trésorier d'Albret, puis lieutenant au siège de Nérac.

(2) Nous avons déjà parlé de Brunet-Latuque. Il était né en 1757 à Puch de Gontaud et avait été élu député du Tiers-État pour la sénéchaussée de Nérac. Après le 9 thermidor il sortit de prison ; il fut juge de paix à Puch, puis à Damazan. Il mourut à Puch en 1824. (Voir la similigravure qui le représente.)

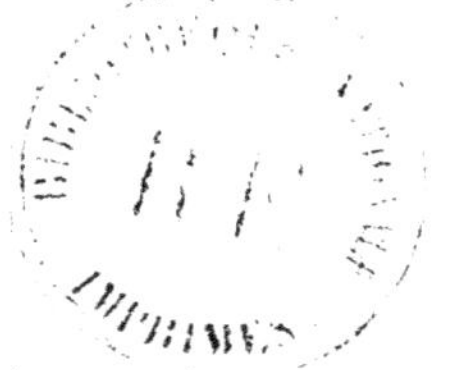

Lavigne, législateur (1), Jauffret, curé de Tonneins (2), Gondes aîné, plusieurs autres de mes anciens amis, des prêtres assermentés, tels que Chaubet (3), Sécheyron (4) et plusieurs nobles entachés du crime d'honneur et de probité (5). Pendant les premiers jours de mon arrivée, la garde de la réclusion fut doublée ; il fut interdit à mes parens et amis du dehors de venir me voir. Cependant mon épouse et ma fille obtinrent enfin cette grâce. Le cœur déchiré de douleur, sans cesse en butte aux insultes et aux menaces des gardes et des membres du comité de Tonneins, j'étais forcé de dissimuler les craintes qu'on ne cessait de me donner d'un prochain enlèvement de ma personne pour être traduit à Bordeaux au tribunal de sang du fameux Lacombe, à qui je savais être recommandé par Jouan et ses complices. Mais heureusement l'arrivée et la visite dans la maison de réclusion du représentant du peuple Monestier rassura un peu mes craintes par l'espoir qu'il donna que les reclus devaient être jugés chacun dans leur district par une commission dont il cacha les noms, mais qu'on

---

(1) Lavigne (Jean), négociant à Tonneins, avait été membre du directoire du département. Il fut élu le 1ᵉʳ septembre 1791 quatrième député du Lot-et-Garonne à l'Assemblée Législative.

(2) Nous donnerons plus loin une notice détaillée sur Jauffret, curé de Tonneins.

(3) Il s'agit de Chaubet, curé constitutionnel d'Aiguillon. Chaubet ne resta point longtemps dans la maison de réclusion de Tonneins. Né le 22 avril 1765, ordonné prêtre par l'évêque Constant, vicaire de Dubois à Aiguillon, il prêta tous les serments, devint curé d'Aiguillon et reçut en cette qualité son évêque consécrateur, qui se trouvait dans une situation pécuniaire très obérée, presque dans la misère. A la réorganisation des cultes, il fut nommé curé de Puymasson ; transféré à Granges le 25 mars 1805, à Saint-Pastour le 16 juillet 1813, à Saint-Sulpice-Rivelot en 1815, à Bias le 10 février 1818 et de nouveau à Saint-Sulpice-Rivelot le 18 janvier 1834. Il y mourut le 18 mars 1848.

(4) Jean Sécheyron était né en 1749. Ordonné prêtre à Agen en 1773, vicaire à Monclar, puis à Aiguillon, il devint curé de Nicole en 1779. Après le Concordat, il fut maintenu à son poste où il mourut en 1832.

(5) Voici la liste des détenus de la prison de Tonneins en ventôse an II : Les citoyens Despagne, Desclaux, Lacoste, Boudet, Latané, Géraud, Lormand, Jauffret, Crebessac, Bruet, Françoise Delmas, Ducasse, Gondes, Frusquet, Aubert, Sécheyron, Chaubet, Molié, Dorgouilloux, Peyférié, Salomon, Révénac, Brillon, Brunet-Latuque, Jean Lavigne, Louis Peynaud, Romefort, Lafargue, femme Gervin. (Arch. du Comité de surveillance de Tonneins.)

apprit depuis devoir être présidée par le fameux Jouan. Mais cette commission n'ayant pas eu lieu et Jouan avec ses complices voulant toujours me perdre avec quelques autres reclus fit arrêter et traduire au tribunal révolutionnaire de Toulouse le fils de M. Laperche, le médecin, et trois autres artisans de Tonneins à qui il fit promettre la liberté et la grâce s'ils voulaient dire que dans le *Cercle*, dont j'ai déjà parlé et dont ces trois artisans étaient membres, il n'y avait que des aristocrates ; que Brunet, Lavigne, Jauffret, Gondes et moi y professions ouvertement des principes anti-républicains et que nous avions projeté l'assassinat des patriotes. Et si cette fois nous échappames à la mort, nous en eûmes l'obligation et toute l'obligation à M. Laperche père, médecin, qui, pour sauver son fils se rendit de suite à Toulouse où, par le moyen d'une femme publique qu'il gagna et qui était entretenue par le président du tribunal révolutionnaire de Toulouse, il parvint à faire rendre la liberté à son fils et, avec lui, aux trois artisans et à faire brûler les pièces de procédure qui avaient déjà été faites.

Jouan et ses complices, ayant encore manqué leur coup, en tentèrent un autre sur la personne du nommé Prébousteau, menuisier de Tonneins, qui avait déjà servi et qui, pour se soustraire aux tracasseries et aux poursuites de Jouan, se détermina à reprendre du service dans les armées (1). Il était dans la Vendée avec son régiment, lorsque Jouan parvint à le faire arrêter et traduire au tribunal révolutionnaire de Paris. Là, on lui promit la grâce et la liberté s'il voulait dire que

---

(1) Prébousteau avait été accusé par Jouan le Jeune et ses amis, le 18 juin 1793, d'avoir volé sur les droits d'étapes d'un bataillon de volontaires qu'il accompagnait. Dénoncé à la Société populaire de Tonneins par un volontaire, il fut défendu par Verdolin et par ses camarades. Le 20 juin, il vint se disculper en séance du club. Mais, comme l'écrit Verdolin, en butte aux attaques et aux dénonciations des sans-culottes, il se décida à repartir aux armées (séance du 19 septembre 1793). Prébousteau était brigadier au 8e régiment de chasseurs ; prévenu de complicité avec la faction de la Gironde, acquitté par le tribunal criminel de la Haute-Garonne, puis repris, il fut mis en liberté par le tribunal révolutionnaire de Paris le 4e sans-culottide an II. (20 septembre 1794.) (Wallon, *Histoire du tribunal révolutionnaire de Paris*, tome IV, page 201.) Prébousteau mourut à Tonneins le 12 mars 1820. (Archives de Lot-et-Garonne, Série M. *Tables décennales.*)

Brunet et autres et moi avions professé dans le *Cercle* dont s'agit les principes anti-républicains et que nous avions projeté l'assassinat des patriotes. Mais ce brave jeune homme ayant résisté à ces offres et ayant été traduit devant le tribunal révolutionnaire de Paris y fut acquitté à la demande du public assistant à la séance pour le récompenser de sa fermeté à résister à la séduction et, plus encore, en considération de ce que, dans une bataille qui avait eu lieu la veille de son arrestation, il avait eu deux chevaux tués sous lui. Me voilà donc encore miraculeusement sauvé de la mort ! Cependant j'étais dans des craintes continuelles ; je me faisais violence pour ne pas alarmer ma famille désolée ; je vivais, ou plutôt je ne vivais plus, lorsqu'on vint nous annoncer que le 9 thermidor avait délivré la France et l'humanité de l'anthropophage Robespierre et de ses principaux complices. Un rayon d'espoir se répandit dans mon âme déjà affaissée par les humiliations et par l'épuisement de mes faibles moyens, qui réduisait ma famille à une bien triste existence, et plus encore par une longue et dangereuse maladie que je venais de faire dans la maison de réclusion.

Je ne tardai pas à apprendre que Paganel (1) et Bous-

----

(1) Paganel devint sous le Directoire « chef de la 6ᵉ division du département des relations extérieures », puis secrétaire général au même ministère. Un certificat lui fut donné en l'an V par l'administration centrale de Lot-et-Garonne. C'est un véritable *curriculum vitæ*: « Certifions qu'il a exercé dans la commune d'Agen et dans le collège qui y était établi les fonctions de professeur de cinquième depuis le 27 octobre 1772 jusqu'au 31 août 1778, et de professeur de rhétorique depuis cette dernière époque jusqu'au 1ᵉʳ septembre 1781, jour auquel les ci-devant prêtres de l'Oratoire furent mis en possession, ce qui résulte des lettres-patentes du 20 juillet 1781, enregistrées au Parlement de Bordeaux le 17 août suivant ; que les dites lettres-patentes lui attribuèrent une pension de 400 livres ; que le 13 septembre 1791, le directoire fixe au citoyen Paganel, comme curé de la paroisse de Noaillac, le traitement attaché à cette cure à la somme de 1.975 l. 4 s. 5 d, ; que dans ce traitement ne fut point comprise la pension dont il jouissait comme ci-devant professeur et fixée par les dites lettres-patentes ; qu'il fut élu procureur-syndic du ci-devant district de Villeneuve, le 17 juin 1790 ; qu'il fut législateur le 29 août 1791 et membre à la Convention le 5 septembre 1792, ainsi qu'il résulte des procès-verbaux des assemblées électorales déposés au secrétariat du département ». (Bonnat, *Inventaire, Série L.*, page 227). La date d'élection à la Législative se rapporte à l'ouverture de l'assemblée électorale qui dura plusieurs jours. En réalité Paganel fut élu le 3 septembre 1791. Il obtint l'année suivante 288 suffrages pour la Convention.

PIERRE BOUSSION

sion (1), représentans du département à la Convention, à qui j'avais dans mes malheurs adressé une réclamation comme mes amis, se donnaient du mouvement, mais tardif, pour obtenir mon élargissement.

En effet, quelques jours après le 9 thermidor, Girodeau ainé, lors procureur syndic du district, se rendit à la maison de réclusion et me remit le décret qui ordonnait mon élargissement (2).

Quelqu'agréable que me fut cet acte, qui était le premier rendu encore pour les reclus du département, je ne tairai pas que les embrassades et les larmes de mes camarades d'infortune m'auraient fait désirer de rester encore avec eux, si l'amour paternel et de mon épouse qui, par hasard, se trouva ce jour-là à Tonneins, ne m'avait pressé de revenir dans ma maison pour y jouir de la tranquillité que j'avais perdue depuis un an dans les différentes maisons de Nérac et de Tonneins.

---

(1) M. de Bellecombe a consacré à Pierre Boussion une très curieuse notice dans l'*Agenais illustré*. Fils d'un chirurgien de Lauzun, le futur conventionnel naquit en 1753, fit ses études à Agen, Bordeaux et Montpellier, fut nommé député suppléant aux Etats-Généraux de 1789 où il remplaça Escourre de Peluzat, démissionnaire. Inéligible à la Législative, il fit partie de la Convention nationale où il vota la mort de Louis XVI sans sursis. Ami de Mᵐᵉ Roland et de Joséphine de Beauharnais qu'il contribua à faire mettre en liberté, il fut suspecté de fédéralisme, mais il n'eut point de peine à se justifier. Membre du Conseil des Anciens du 4 frimaire an IV au 1ᵉʳ prairial an VI ; conseiller de préfecture de Lot-et-Garonne de 1800 à 1815 ; proscrit comme régicide par Louis XVIII, il habita Bruxelles, puis Liège, où il mourut le 18 mai 1829, après avoir repris son premier état de médecin.

(2) Après Verdolin, fut mis en liberté Brunet-Latuque (arrêté du directoire de Tonneins du 11 vendémiaire an III). Dans le tableau de sa vie politique l'ancien constituant exposait « qu'avant 1789 il appelait la liberté et l'égalité par ses vœux, en provoquait le règne par ses écrits ; que nommé par le peuple député à l'Assemblée Constituante, on le vit toujours au poste d'honneur, qu'il fut le 8ᵐᵉ à prêter le serment du Jeu de Paume ; que la loi qui rétablit les non-catholiques dans leurs droits fut rendu sur sa motion ; que s'il refusa d'accepter la Constitution de 1793, ce fut parce qu'il ne fut pas écouté lorsqu'il voulut faire des observations sur l'ordre judiciaire et que, croyant les droits du peuple souverain blessés par les obstacles qu'il éprouvait à émettre son opinion, il vota pour la négative dans un moment où sa sensibilité était vivement émue, mais que son cœur avait d'autant moins de part à ce refus qu'au 10 août, lorsque la Constitution fut proclamée, il manifesta son assentiment et sa joie ».

Le district de Tonneins rendit hommage à sa sensibilité, à sa probité et à son amour de la liberté et de l'égalité et décida sa mise en liberté définitive.

Le premier usage que je fis de ma liberté et de ma vie fut d'en exprimer par lettre ma reconnaissance à ceux qui avaient concouru à me la procurer, et surtout au comité de Nérac· Rendu à Aiguillon, j'eus la satisfaction d'embrasser ma famille, très peu d'amis. Ma présence ou ma vie semblait reprocher à quelques-uns de mes concitoyens leur connivence avec Jouan pour me conduire à l'échafaud. Cependant, appris à l'école du malheur, je crus devoir dissimuler pour attendre du temps ce que je ne pouvais que conjecturer.

Quelque temps après mon élargissement, j'eus la satisfaction de voir passer à Aiguillon Jouan traduit dans les prisons d'Agen par la gendarmerie ; oui, Jouan qui, quelques jours auparavant, avait paru à Aiguillon avec l'éclat de la plus grande pompe, craint par les uns, chéri par les autres de mes concitoyens, fêté par tous, et le voilà livré à l'ignominie et à la juste punition de ses crimes (1), et le voilà livré à la populace qui le conspue et menace de l'égorger ! Je le vois et tout à coup le désir de la vengeance se convertit en mépris et je me retire.

---

(1) Le Conseil général de la commune de Tonneins dont Jouan était maire avait été destitué le 17 vendémiaire an III par arrêté du représentant du peuple Ysabeau. Dans un écrit daté du 25 vendémiaire et intitulé :

« *Justice, Impartialité.*

« *Première réponse préparatoire aux citoyens opprimés de Tonneins-La-Montagne* », il affirmait avoir lui-même demandé sa destitution et terminait par sa profession de foi nouvelle :

« Respect à la Convention Nationale, soumission à ses décrets.

« Attachement inviolable aux Jacobins régénérés depuis le 10 thermidor.

« Exécution entière du décret du 17 septembre (vieux style) contre tous les malveillans.

« Paix, union et fraternité, avec les Sans-Culottes de 1789 de toute la République.

« Indulgence pour les Feuillans égarés ; anathème aux riches froids et inhu-
« mains, aux aristocrates, aux modérés, aux fayettistes, aux girondins, à ceux
« qui sont aujourd'hui patriotes et demain aristocrates, et aux fanatiques de
« quelque religion qu'ils ayent été ».

Les attaques s'étaient renouvelées sans cesse contre Jouan, qui n'avait plus l'oreille de la Société populaire. Autant il était dangereux avant thermidor d'entrer en lutte avec lui, autant en l'an III on devint suspect à vouloir le défendre. Chassé de la Société populaire, il fut arrêté et conduit à Agen à la fin de 1794. « Les gendarmes qui l'accompagnaient eurent quelque peine à le protéger contre la fureur populaire, surtout à Aiguillon, où une foule de femmes accourues sur son passage voulaient absolument le mettre en pièces. »

Il eut beau réclamer tous ses amis d'Aiguillon, le bruit de son malheur et de son passage les retenait cachés chez eux.

(Archives départementales. Fonds du district de Tonneins, et *Bibliographie générale de l'Agenais*, tome I, page 387).

Après la réaction thermidorienne, Jouan le Jeune redevint, comme ci-devant, instituteur à Tonneins. Il ouvrit un pensionnat qui, en l'an VII, comptait un certain nombre d'élèves et qui lui valut, le 15 vendémiaire, les félicitations de l'administration centrale du département (Série L. 101, page 58).

CHAPITRE V

APRÈS LA TERREUR (1794-1801)

Verdolin est nommé commissaire du Directoire exécutif près l'administration cantonale d'Aiguillon. Il protège les victimes des sans-culottes et lutte contre les anciens amis de Jouan le Jeune et contre Nugues. — Il est présenté à l'assemblée électorale pour faire partie du directoire du département ; son refus. — Verdolin, redevenu notaire, se voit entravé continuellement dans l'exercice de ses fonctions ; il cède sa charge et rédige ses *Mémoires*.

Quelque temps après et, à mon grand étonnement, je reçus directement du gouvernement de Paris la commission de commissaire près l'administration du canton d'Aiguillon (1). Je

---

(1) Les districts furent supprimés par la Constitution de l'an III. En fait, ils fonctionnèrent jusqu'à l'organisation des administrations cantonales destinées à les remplacer et établies dans le Lot-et-Garonne par arrêté du directoire du département daté du 5 brumaire an IV. Au district on substitua donc le canton. Celui d'Aiguillon, dont Verdolin fut le premier commissaire du Directoire exécutif, était formé de 8 communes : *Colvignes, Dominipech, Galapian, Nicole, Saint-Salvy, Saint-Vincent, Saint-Brice et Aiguillon*, et d'une partie de celle de *Clairac*. Chaque commune ou fraction de commune nommait un agent municipal et un adjoint. Aiguillon, plus peuplé (3258 habitants), formait deux communes. Il y avait donc pour composer l'administration cantonale dix agents et dix adjoints, qui furent élus par l'assemblée communale le 15 brumaire an IV. Ces dix agents étaient présidés par Nugues dont les pouvoirs duraient deux ans. Ils devaient se réunir au moins trois fois par mois et avaient dans leur ressort les affaires précédemment attribuées aux municipalités, aux districts et aux agents nationaux. (Bonnat, *Inv. série L.*, pp. 191 et 193.)

Les fonctions de commissaire du directoire exécutif confiées à Verdolin, l'obligeaient à résider à Aiguillon. Il ne devait être pris aucune délibération sans qu'il ait formulé son avis. Il avait seulement voix consultative. Quant à son traitement, la loi du 21 fructidor an III (7 septembre 1795) le fixait à 400 myriagrammes de froment par an.

n'ai jamais pu savoir par quel canal ou par quelle faveur j'avais ainsi pu être signalé le premier dans tout le département (1). Ayant toujours le passé présent à ma mémoire, j'hésitai longtemps entre l'acceptation et le refus. Cependant, soit amour-propre, soit vanité, soit le désir de faire du bien à mes amis et de me venger par des bienfaits de mes ennemis dans toutes les occasions qui se présenteraient, je me décidais enfin à accepter (2).

Quelques-uns de mes concitoyens que j'avais suspectés d'être ligués avec Jouan, ou plutôt d'être les instigateurs des persécutions auxquelles j'avais été en butte, parurent vouloir se rapprocher de moi. Je les accueillis sans faire le moindre reproche, ni même sans paraître connaitre leur trame contre moi L'administration cantonale se forma. La cabale porte Nugues l'ainé, président, Lacroix et autres, adjoints. En un mot cette administration fut composée, en grande partie, des anciens amis de Jouan. Me méfier et me tenir en règle, c'est tout ce que je pouvais faire. Cependant tous les malheureux avaient des droits et un facile accès dans mon cœur et dans ma petite protection. Témoins de cette vérité : tous les parents des *conscrits* ; la dame de Clairfontaine (3) qui, livrée à la misère et abandonnée de tous ses anciens amis, livrée à ses ennemis et aux usurpateurs de sa fortune, ne trouva que moi pour adoucir ses maux et la défendre contre ses persécuteurs ; l'émigré Gaulejac (4), que certains membres de l'administration voulaient faire arrêter pour le livrer au fer de

---

(1) C'est l'administration départementale qui le présenta au choix du gouvernement, non le premier, mais en même temps qu'un certain nombre de ses collègues.

(2) Verdolin fut nommé commissaire provisoire du Directoire exécutif près l'administration cantonale d'Aiguillon le 13 brumaire an IV. (Arch. de Lot-et-Garonne, série L. 76, p. 69). En même temps que Verdolin furent également désignés provisoirement les citoyens Bourges, pour Castelmoron ; Crebessac, pour Laparade ; Farcit-Calbiac pour Montpezat. Le Directoire exécutif devait lui-même nommer ses commissaires. Il confirma les pouvoirs donnés à Verdolin par l'administration centrale du département.

(3) La dame Levelu de Clairefontaine, d'une vieille famille aiguillonnaise, qui habitait le manoir de Saint-Armand. (Alis. *op. cit.*, pp. 307, 310, 311, 362, 367).

(4) Ce Gaulejac, émigré, était rentré en France et s'était réfugié à Saint-Brice chez son beau-frère Monerot.

la guillotine ; Malvin de Montazet (1), dont certains membres
de l'administration voulaient acheter ou se faire adjuger les
biens situés dans le canton ; la ci-devant duchesse d'Aiguillon, à qui le président de l'administration, ligué avec l'homme
d'affaires de cette dame et quelques autres de sa trempe, voulaient enlever les moulins ; le chanoine Passelaigue (2), qu'on
voulait dépouiller de son bien de *Blanchard*, etc , etc. ; en un
mot, j'ai la vanité de me féliciter de mon zèle et de ma fermeté
pour résister aux entreprises du crime et de prouver l'injustice, et de défier mes ennemis de prouver que pendant cette
administration, ni jamais, j'aie manqué aux sentimens d'honneur et de probité.

Cependant, Nugues, président (3), — je ne sais de quel droit ni
de quelle autorité, — s'était emparé de la recette et de la caisse
communale et cantonale ; déjà, plusieurs fois, je lui avais amicalement demandé qu'il rendit compte, entre autres choses :
1° d'une grande quantité de chanvre appartenant à la commune d'Aiguillon qui avait été vendu aux enchères, de même
que la métairie de Latané, et des arbres appartenant à la même
commune ; 2° de cent vingt sacs de blé qui auraient été pris
aux moulins d'Aiguillon, lors en régie, pour fournir à la nour-
riture des prisonniers de guerre et pour le payement des mois
de nourrice, lequel blé avait été remplacé pour le même service
par l'administration du département qui, en ce faisant, m'avait
donné ordre de faire rétablir celui pris aux moulins, etc., etc.
Mes invitations amicales ayant été inutiles, je crus de mon
devoir, pour mettre ma responsabilité à couvert, de faire
consigner ces demandes sur les registres de délibérations. Il y

---

(1) Sur les Malvin de Montazet, voir Alis, *op. cit.*, passim.

(2) Jean Bernard de Passelaigue, né en 1711, étudia à Paris, devint curé
d'Aiguillon et vicaire général sous l'épiscopat de MM. de Chabannes et d'Usson
de Bonnac, chanoine de la cathédrale Saint-Etienne et official du diocèse
d'Agen. En 1753, il fut nommé abbé de Pérignac. Il refusa de prêter le serment
d'adhésion à la Constitution civile du clergé, fut alors condamné à la réclusion qu'il subit chez lui à cause de son âge et de ses infirmités. Il mourut à la
fin de la Révolution. (Durengues, *op. cit.*, p. 9, note 2.)

(3) Nugues avait été nommé président de l'administration municipale du
canton le 16 brumaire an IV. Après avoir refusé pour cause de maladie, il finit
par accepter le 24 brumaire.

a trois de mes réquisitions à ce sujet, mais toujours inutilement, et jamais Nugues n'a rendu compte.

Nugues, piqué contre moi, vint un jour dans mon bureau et
me dit qu'étant et ayant été toujours mon ami, il n'avait jamais
imaginé que je le tracassasse de la sorte. Ce nom d'ami dont il
voulait se parer soulevant toute mon indignation, je lui dis
que je n'ignorais pas qu'il était un des principaux auteurs de
mes malheurs et que Jouan n'avait été que son instrument pour
me faire périr, qu'il devait rappeler le temps où étant membre du district de Tonneins et moi procureur syndic, que [moi]
n'ayant pas voulu recevoir la clef qui renfermait la grande
quantité des tabacs nationaux que préalablement tous ces
tabacs ne fussent pesés et vérifiés, lui, Nugues, eut l'adresse
de se faire nommer commissaire pour cette pesée et vérification, opération qui dura plus d'un mois ; qu'étant terminée,
la clef me fut remise avec l'état des pesées et vérifications ;
que, quelque temps après, la vente aux enchères ayant été
ordonnée par le ministre, il y fut procédé en présence du District et par lots séparés ; que ce fut Nugues et Bourges, son
collègue, qui déterminèrent la quantité et la quotité de ces
divers lots dont le dernier fut qualifié sous la dénomination
vague du restant de tabacs ; que ce dernier lot, en comparant
ceux déjà vendus avec notre état de pesées, devait tout au plus
être composé de 8 ou 10 quintaux ; que ce dernier lot, dis-je,
fut adjugé à un quidam de Tonneins ; que toutes les adjudications faites, il eut encore l'adresse de se faire nommer commissaire pour la livraison des tabacs adjugés ; que, m'ayant
remis l'état des livraisons, cet état concorda à un quintal près
en plus avec le premier, lesquels états furent par moi envoyés
au Département. Mais Jouan, dans la lutte qu'il avait avec le
District, instruit de ce qui s'était passé, s'avisa d'inculper
quelques membres du directoire du district, et particulièrement moi, d'avoir fait adjuger le dernier lot sous la dénomina-
vague du *restant* qui n'aurait dû être composé que de 8 ou
10 quintaux, comme je l'ai déjà dit, et qui cependant s'était
trouvé composé de plus de 200 quintaux ; que le quidam de
Tonneins, à qui l'adjudication avait été faite, avait reçu 24 francs

pour prêter son nom, et que cette grande quantité de tabacs avait tourné au profit de quelques membres du directoire et surtout au mien. Cette inculpation était trop grave pour que l'honneur et la délicatesse du District pût rester dans le silence. Farcit et moi fûmes chargés de vérifier les faits, et déjà nous tenions le fil des manœuvres de Nugues et consorts, lorsque Farcit et moi fûmes frappés de la destitution.

Et, pour lors, on vit avec étonnement que Nugues, contre qui seul Jouan pouvait avoir des preuves qu'il avait déjà signalées, s'accomoder, je ne sais comment ni à quelles conditions, avec Jouan qui le fait nommer président du District et qui ne fait plus qu'un avec lui. N'y a-t-il pas lieu de croire que la mort de Farcit et la mienne étaient une des conditions de cet accord, pour que nous ne puissions pas dévoiler ce que nous avions déjà découvert des manœuvres de Nugues au sujet du tabac ? Et Jouan ne l'a-t-il pas dit et expressément déclaré, lorsqu'après avoir perdu toute sa puissance, et en parlant de moi, il a dit que les torts qu'il avait à mon égard, je devais les imputer à certains de mes ennemis d'Aiguillon qui l'avaient conjuré de me perdre et qui avaient intérêt à ce que je ne vécusse plus.

Il est aisé de concevoir d'après cela que Nugues ne pouvait pas être mon ami. Cependant dans la crainte, sans doute, que je ne donnasse suite à l'affaire des tabacs et autres dont je le connaissais coupable, il dissimula et se borna à me tendre des pièges. D'abord il séduisit Cabanes, mon secrétaire ; il fit espérer à Duburgua, lors [agent municipal] (1), que si on pouvait parvenir à me faire destituer ou à me forcer à demander ma démission, il occuperait ma place. Lacroix, agent (2), et autres se liguèrent contre moi. A l'aide de

---

(1) La qualité de Duburgua n'est pas indiquée dans la copie du manuscrit de Verdolin. Duburgua avait été nommé agent municipal de la commune d'Aiguillon-ville le 13 germinal an V. (Alis, *op. cit.*, p. 472.)

(2) Lacroix fils était « l'adjoint » de Duburgua. Un jour, il écrivit à l'administration centrale « pour savoir si, conformément à la loi sur la police des cultes, il devait faire enlever une enseigne sur laquelle était peinte une croix blanche. » Lafont, commissaire du Directoire exécutif près l'administration centrale du

mon secrétaire et de fausses clefs, on pénétrait dans mon bureau. On y enleva les papiers les plus conséquens. Deux fois on enleva mes registres de correspondance ; on me disputa le droit d'avoir un bureau, ou on me refusa l'encre, le papier, le feu et autres choses nécessaires à un bureau. En vain, je me plaignis à l'administration en corps de toutes ces vexations ; il n'en était ni plus ni moins. Enfin, je m'adressai à Lafont (1), mon collègue supérieur auprès du Département. Un commissaire fut envoyé sur les lieux et fit droit à mes réclamations. Mais à peine fut-il parti qu'on continua les mêmes vexations et les mêmes tracasseries. Alors, craignant qu'on ne parvint à me compromettre et ne voulant pas établir une lutte qui aurait pu être dangereuse pour les uns ou pour les autres, je pris le parti de donner ma démission, que le Département refusa d'abord, mais que je le forçai d'accepter, en lui promettant de ne pas donner au ministre connaissance de tout ce qui s'était passé (2).

Duburgua fut donc nommé à ma place, et Nugues jouit tranquillement du fruit de ses rapines, parce qu'on ne pouvait par reconnaissance lui faire rendre des comptes.

J'étais encore commissaire du gouvernement lorsqu'une assemblée électorale se tint à Agen, où j'étais en qualité

---

département, répondit à Verdolin « que l'administration cantonale ferait mieux de feuilleter ses registres et de voir si quelque opération ou réquisition est arriérée que de s'occuper d'une enseigne portant une croix blanche ! »

(1) Charles Marie de Lafont du Cujula était né à Agen le 7 avril 1749. Il appartenait à une vieille famille de Clairac et fut l'un des rédacteurs des cahiers de la noblesse pour les Etat-Généraux de 1789. Député à la Législative du 1er octobre 1791 au 10 août 1792, maire d'Agen à la fin de 1791, destitué comme ci-devant noble, puis commissaire du Directoire exécutif près l'administration centrale du département, membre de la Société académique d'Agen qu'il contribua à reconstituer et dont il fut nommé le second secrétaire perpétuel ; élu au Conseil des Anciens du 1er prairial an III au 18 brumaire an VIII. Reélu jusqu'en 1804, c'est-à-dire jusqu'à sa nomination comme secrétaire général de la préfecture de Lot-et-Garonne. Auteur de nombreux articles sur l'art musical, sur la philosophie, éditeur de l'*Annuaire ou Description statistique du département de Lot-et-Garonne*. (Agen, Noubel. 1806.) Il mourut à Agen le 1er novembre 1811. (Andrieu, *op. cit.*, pages 32 et 33.)

(2) C'est le 4 nivôse an VI que Verdolin démissionna et fut remplacé par Duburgua. (Alis, *op. cit.*, page 475), à qui Lacroix succéda comme agent municipal, le 26 prairial an VI.

d'électeur du canton (1). Je puis dire que cette assemblée était mieux composée qu'aucune de celles où j'avais été en qualité d'électeur. Il n'y eut que quelques anarchistes d'Agen et des environs, qui furent forcés de se retirer à cause de l'horreur que leur présence inspirait aux électeurs honnêtes qui composaient cette assemblée. MM. Merle père, médecin, et Miraben aîné étaient mes collègues pour le canton d'Aiguillon. La première opération de cette assemblée fut de nommer une commission de 48 électeurs qui devaient ensuite se réduire eux-mêmes à 12, pour choisir et épurer les sujets qui seraient reconnus les plus dignes par leurs lumières, leur conduite et leur probité d'occuper les diverses places auxquelles on devait nommer, soit pour la Législature, soit pour le Département, soit pour le Judiciaire. J'eus l'honneur d'être membre de ces deux commissions. Quelle fut ma surprise, lorsque à l'unanimité, cette commission me désigna pour occuper une place au Département ! J'eus beau opposer mon défaut de moyens moraux et physiques, tout fut inutile. Je fus porté par la commission sur l'état des candidats qui devait être présenté, le lendemain, à l'assemblée. Me rappelant du passé et bien résolu de ne pas accepter, je me rendis le lendemain à l'assemblée. Mes amis et autres électeurs que je ne connaissais pas viennent me féliciter. Je leur donne des raisons qui toutes tendaient à ne pouvoir accepter. M. Massac prend la parole, approuve mes raisons et se joint à moi pour exhorter les électeurs à ne pas me nommer. M. Pélissier, l'aîné, me dit :

« Je sais que vous n'êtes pas riche, mais je vous prie d'accepter, et je vous offre pour vous et votre famille un logement, des domestiques et ma table. »

---

(1) C'est le 1ᵉʳ et le 2 germinal an V que se tint dans une des salles du château d'Aiguillon l'assemblée primaire de la commune chargé de désigner les électeurs. Verdolin fut élu le quatrième sur quatre, par 209 voix. Ses collègues étaient : Nebout aîné, 227 voix ; Merle-Massonnneau, 222 ; Dunau, 220. C'était un échec pour les adversaires du commissaire du Directoire exécutif, qui furent battus, Duburgua, avec 161 voix, Dubouil, avec 156, Nugues aîné et Dulau avec 155.

Les quatre électeurs d'Aiguillon se rendirent à Agen à l'assemblée électorale, qui se tint dans l'église du ci-devant collège du 20 au 26 germinal an V. (Archives de Lot-et-Garonne, Élections, Série L.)

Je répondis à toutes ces honnêtetés aussi bien que mes facultés le permirent. Sitôt que la liste de la commission fut remise au président de l'assemblée, je le priai instamment de ne pas mettre mon admission aux voix, pour les raisons que j'avais déjà mises en avant, ajoutant que si je venais à être agréé et donnant ma démission, la place resterait vacante. Le bureau, bien convaincu de ma résolution, ordonna que la commission s'assemblerait de nouveau, pour présenter un autre candidat. J'eus encore la satisfaction que la commission assemblée, après m'avoir témoigné les regrets que mon refus lui donnait, me pria de lui désigner moi-même le sujet que je croirais un des plus dignes de me remplacer. Cédant aux instances, je leur proposai Poitevin-Desbarris qui fut unanimement nommé par la commision et agréé par l'assemblée (1).

Me voilà donc encore une fois réduit à cet état de quiétude et de tranquillité dans lequel j'aurais dû rester. Mais, d'un côté, le délabrement de ma modique fortune, de l'autre, mon goût pour les occupations de la plume et la certitude que j'avais qu'un homme sans état est un être isolé, méprisé, en butte aux caprices et à la méchanceté de ses ennemis, je me déterminai à demander à être réintégré dans l'état de notaire que j'avais abandonné depuis 1789 (2).

L'ayant obtenu (3), je ne tardai pas à m'apercevoir que je

---

(1) L'élection devait porter sur deux places d'administrateurs du département. Elle eut lieu le 21 germinal an V et nécessita deux tours de scrutin. Au premier tour Phiquepal fut élu par 274 voix sur 311 votants. Venaient ensuite Poitevin-Desbarris, 130 voix ; Raymond Noubel, 82 voix ; Verdolin, 78 ; Sembauzel, 13, etc.., Verdolin ayant refusé toute candidature et s'étant désisté pour Poitevin-Desbarris, ce dernier fut élu par 193 voix sur 299 votants. Noubel obtenait 78 suffrages, Coutausse 16, Sembauzel 6, Delbourg 2.

Poitevin-Desbarris avait été administrateur du district de Tonneins, puis commissaire du Directoire exécutif près l'administration cantonale de Verteuil. Il fut installé, avec son collègue Phiquepal, le 25 germinal an V, en séance extraordinaire de l'administration centrale du département. Il démissionna le 5 fructidor de la même année. (Archives de Lot-et-Garonne, Série L. Elections et L. 76, page 69. *Inventaire*, tome I, pages 224 et 226.

(2) Depuis 1792 plus exactement.

(3) Les minutes de Verdolin, redevenu notaire, vont du 13 nivôse an XIII au 10 septembre 1809.

ne jouissais plus de la même confiance qu'auparavant et que mes ennemis me poursuivaient encore.

Nugues l'ainé était alors devenu maire de la campagne, même maire du maire de la ville(1), qu'à l'aide de son consort Cabanes il dirigeait à son gré. En menaçant ceux-ci, pères des conscrits présens ou futurs, que, s'ils ne s'adressaient pas à son frère notaire, il ne ménagerait pas leurs enfans ; ou ceux-là, que, s'ils n'étaient pas bien exacts à payer leurs contributions, il les recommanderait au percepteur, son beau-frère ; à ceux-là, ses sujets ou ses débiteurs, que, s'ils ne s'adressaient plus à son frère, il les renverrait ou les poursuivrait jusques à payement, en un mot, craint par tous ou presque tous, à raison de sa place qui lui donnait la domination dans la ville et dans la campagne ; de l'autre côté, l'épouse de Nugues, notaire, qui, comme de raison, s'intriguait de toutes les manières pour attirer des pratiques à son mari (je rougirais de dire par quel moyens), aussi les Lacroix, les Cabanes et autres — qui étaient mes ennemis parce que je n'avais pas voulu correspondre à leurs vues criminelles et spoliatrices — en un mot, tous ces individus réunis me rendirent pour ainsi dire la risée de mon état, que j'avais la prétention de remplir avec plus d'honneur et de probité que Nugues, notaire. Ajoutons à cela que par souplesse mes ennemis étaient parvenus à me mettre sans cesse en butte avec les agents de l'enregistrement qui, sans cesse, prononçaient des amendes, non seulement pour les plus légers manquemens aux formes, mais encore pour des manquemens qui n'existaient pas ou qui n'étaient attribuables qu'à eux, à leurs caprices et à leur intention bien prononcée de me nuire et de favoriser par là mes ennemis. Je sentais si bien à quel point j'en étais qu'il m'est arrivé souvent et très souvent, après avoir donné mes avis et même avoir remis les projets des actes à passer, de renvoyer des malheureux — dont les enfans étaient sujets à la conscription ou à qui je prévoyais que

----

(1) Nugues aîné était maire d'Aiguillon *extra-muros*. Le maire de la ville était Simon Pierre Merle de Massonneau, nommé en 1799. Ce dernier resta en exercice jusqu'en 1807.

l'administrateur Nugues pourrait faire de la peine — devant
son frère, notaire, pour les actes à passer. Ce n'est pas tout :
Nugues l'aîné, voulant entièrement me faire perdre la confiance
en m'associant pour ainsi dire à ses crimes, quoique déjà
grandement brouillé avec moi pour tout ce que j'ai précédemment dit et à raison d'un procès que j'avais eu avec lui et
dont je parlerai ci-après, vint un jour me prier d'aller avec lui
à Poulard chez le sieur Javel pour un acte très pressé. Je refusai d'abord ; mais sur les observations qu'il me fit que son
frère était incompétent pour cet acte, que Bézin, autre notaire
du canton, était malade, et que, si je ne voulais déférer à son
invitation, il allait lui-même partir pour Agen à l'effet de me
faire enjoindre, je me décidai à partir, sous réserve qu'allant
instrumenter à la campagne où d'ordinaire les témoins sont
peu instruits, il mènerait deux témoins d'Aiguillon. Il choisit
en conséquence et mena MM. Jauffret, prêtre (1), et Lormino,
maître de poste. J'espérai qu'arrivé à Poulard, par mes observations et par l'aveu que je fis au sieur Javel qu'il prit bien
garde à lui, qu'il avait à faire à un homme plus fort que lui,
qui le tromperait, et que d'après cela je le priais de ne pas
me laisser instrumenter, et que je n'étais venu que dans l'intention de me retirer sans le faire, le sieur Javel me répondit qu'il

----

(1) C'est l'ancien curé constitutionnel de Tonneins, dont nous avons souvent
parlé. Jauffret (J.-B) était un provençal « déraciné » et transplanté d'abord à
Toulouse où il enseigna les belles-lettres au collège, puis à Roubillou dont il
devint curé par la grâce du Chapitre de Saint-Sernin, enfin à Tonneins où
l'assemblée électorale le choisit comme curé constitutionnel en 1790. Nous
l'avons trouvé, au cours des *Mémoires*, d'abord en excellentes relations avec le
parti de Jouan, puis en butte à l'hostilité de ses anciens amis. Mis en réclusion
comme son coreligionnaire politique Verdolin, puis libéré après thermidor, il
revint à Roubillou. Puis, avec un de ses compatriotes qui avait professé avec
lui au collège de Toulouse, l'ex-abbé Fabre-Dumoustier, il fonda une pension
dans un vieux château près de Clairac et fut à ce sujet félicité par l'administration départementale le 15 fructidor an VI (Archives départementales, Série
L. 100, pages 203 ; 99, page 312). En 1799 le deux associés s'installèrent à
Aiguillon ; en 1802 ils déménagèrent dans l'ancien couvent des filles de la
Croix. En 1810, Jauffret, devenu curé de Duras, abandonna la direction du
pensionnat à son associé, qui fut moins heureux et dont l'établissement disparut en 1820. Jauffret mourut en 1846, à l'âge de 90 ans. (Alis, *op. cit.*, pages
492 et 493 et note de M. Dubos.)

savait bien à qui il avait à faire, mais qu'il était dans ses fers *(sic)*, et qu'il ne pourrait en sortir qu'en exécutant ce que Nugues avait exigé de lui et de son épouse. Il me pria même avec instance de ne pas faire d'observations et me dit qu'il fallait exécuter ce qui avait été convenu entre son épouse, lui et Nugues. Cependant, avant de rien commencer, je crus prudent d'aller parler secrètement et en particulier à l'épouse du sieur Javel qui était détenue malade dans son lit ; je lui fis les mêmes observations que celles que j'avais faites à son mari. Mêmes réponses ou à peu près. Je me retirai donc dans une chambre voisine, où je rédigeai non un acte, mais trois, dont deux portant obligation, et l'autre, reconnaissance d'une vente sous seing-privé. Avant de lire les actes, j'exigeai que la dame Javel et son époux déclarassent eux-mêmes et intelligiblement devant les témoins le contenu desdits actes qui furent de suite signés et par là revêtus de toutes les formes. Je sentis bien dans la suite que Nugues ne m'avait pour ainsi dire forcé à lui prêter mon ministère que pour faire sanctionner ces actes par la réputation de ma probité ou me faire suspecter de complicité, moi qui jusques-là n'avais voulu lui prêter mon ministère que dans les actes où il paraissait agir avec honneur et probité, et qui le lui avais refusé dans les cas contraires, tels que pour des affaires qu'il a eues avec les malheureux Boudon-Lacombe, Barrier, de la Cibadère, et autres, qui, d'après l'opinion publique, ont été dépouillés par lui ! Aussi fus-je tellement honteux et humilié de lui avoir ainsi gratuitement servi d'instrument, jointes ses manœuvres et celles de mes ennemis, que l'état de notaire me devint à charge et que je résolus de m'en défaire de quelque manière que ce fût ; mais voulant me venger de l'injustice de mes ennemis et brouiller les Nugues, acteurs, et Cabanes, leur instrument, je condescendis à la proposition que me fit ce dernier de me prêter autant qu'il le serait en moi pour le faire pourvoir à ma place. Je fis, en conséquence, tous les agissemens qui me furent dictés ; mais dans l'intervalle, le sieur Laffitte, aussi digne par ses lumières que par sa probité, m'ayant été présenté pour me succéder, je crus qu'il était de mon honneur et de l'intérêt de mes concitoyens de faire céder la vengeance à la justice, et le sieur Laffitte fut pourvu à ma place, sur ma démission volontaire (1).

Quoique d'un caractère vif, actif et pétulant, me voilà donc encore réduit à l'état de nullité d'un simple citoyen, sans même aucun goût, ni pouvoir à cause de mon infirmité, ni talent pour l'agriculture,

Qu'ai-je donc à faire qu'à rendre raison à ma famille et à mes descendants s'ils veulent les lire, des principaux traits de ma vie publique et privée. Puissent-ils voir dans ma vie publique les dangers qu'il y a dans une révolution pour un homme qui ne connait que l'honneur et la probité et qui cependant a le malheur de se laisser entraîner dans le chaos et le tourbillon révolutionnaire !

Il me reste donc à parler des principaux traits de ma vie privée, avant, pendant et après la Révolution, à laquelle j'ai pris part comme je l'ai décrit.

------

(1) Jean Laffitte, successeur de Verdolin, exerça du 12 novembre 1809 au 13 janvier 1816. (*Statuts et règlements des notaires de l'arrondissement d'Agen* p. 145.)

APPENDICES

MA VIE PRIVÉE [1]

Je ne parlerai pas ici des écarts de ma jeunesse, je me bornerai à dire que le jeu était ma principale passion, mais soit
bonheur, soit savoir défendre mon argent, j'ai plutôt gagné
que perdu ; et de toutes les passions que j'ai eues, aucune n'a
été contraire aux sentimens de l'honneur et de la probité.

J'ai déjà dit qu'en arrivant de Bordeaux mon père me mit
en pension chez Nugues où je restai deux ans, après quoi je
fus mis en pension chez Lapipemallet. Cependant mon père
et ma mère se brouillèrent et se séparèrent. Ma mère se mit
en pension à l'hôpital avec deux cens livres de pension que
mon père lui payait. Mon père m'avait défendu de recevoir
ma mère et je ne pouvais lui donner que peu de secours, étant
réduit moi-même aux revenus des vignes de Garrou et de la
terre du Portail, ce qui me donnait, année commune, environ
sept sacs de blé, un peu de mongettes et huit ou neuf barriques
de vin, joint à cela mon état de notaire qui à peine me donnait
de quoi m'entretenir. Après avoir longtemps représenté à mon
père l'impossibilité de payer ma pension et vivre avec un si
modique revenu, et l'humiliation que j'éprouvais de voir ma

---

(1) La vie privée de Verdolin nous intéresse bien moins que le récit des
événements politiques auxquels il fut directement mêlé. Nous ne publierons point *in extenso* la relation qu'il a laissée de ses affaires de famille.
Aussi bien, elle est vraiment peu curieuse : c'est plutôt un mémorial de ses con-
flits incessants, de ses procès et de ses difficultés avec tous ceux qui l'appro-
chèrent. Il avait le caractère tatillon, le tempéramment processif, un peu de
manie de la persécution comme bien des vieillards arrivés aux bords de la
tombe. (N'oublions pas que ces mémoires ont été écrits en 1828.) Nous donnerons seulement des extraits de cette relation d'ailleurs très courte, pour éclairer un peu la figure de Verdolin, le situer dans son milieu, avec les person-
nages qui gravitent autour de lui.

mère à l'hôpital, quoiqu'en pension, mon père me fit alors la grâce d'acquiescer à ma demande et me permit de recevoir ma mère chez Baptiste, cordonnier, où nous prîmes une servante et fûmes obligés de vivre avec les mêmes revenus que dessus. C'est alors que, forcé par le besoin, je fis emprunter à mon père par Duburgua les cinq cens livres dont j'ai déjà parlé. Quelque temps après, mon père et ma mère s'étant reconciliés et remis ensemble, mon père acheta pour moi la maison d'Alberny, tellement délabrée qu'elle était inhabitable. Mon père ordonna bien et paya à Lafargue, charpentier, quelques réparations, mais elles étaient si peu de chose, en comparaison des besoins, que je fus obligé de fournir clandestinement et de ma poche plus de six cens francs dans un ou deux ans. Me voilà donc dans cette maison avec une servante et le même revenu que dessus. Cependant mon père cherchait à me marier ; les partis qu'il me proposait ne me convenaient pas ; j'avais le cœur pris. Mon père avait beau me représenter que si l'on ne fait pas ses affaires en se mariant on est toujours pauvre et que la demoiselle que je convoitais n'avait rien : mais mon père avait oublié sans doute que l'amour est sourd et aveugle. . . .
. . . . (1).

Quelques temps après la mort de mon père, mon frère, qui jusques-là s'était éloigné de la maison paternelle, revint chez notre mère. Je lui fis l'accueil que l'honneur et mes sentimens pour lui me suggérèrent. Je lui payais les six mille livres de sa légitime et je donnai mille livres à ma mère, aux dépens des sept mille cinq cens livres que j'avais trouvées à la mort de mon père en argent ou en papier, tellement que ma fortune ne fut augmentée que du bien du Padouen, consistant en 28 cartonnats d'un revenu annuel de 400 livres ou environ, qui jointes aux 600 livres de mon revenu précédent, formait une somme de mille livres. C'est avec un tel revenu que, maitrisé par

---

(1) Le passage que nous supprimons est relatif à la mort presque subite du père de Verdolin, aux démêlés très vifs qu'il eût avec sa mère pour la liquidation et le partage de la succession.

la passion de l'amour, j'eus la témérité de me marier avec mon épouse, qui n'avait rien qu'un bon cœur, des sentimens d'honneur, — je ne veux pas dire des sentimens d'amour, parce que je me suis toujours rendu la justice de ne pouvoir en inspirer — mais, du moins, des sentimens d'affection et peut-être de reconnaissance, comme j'ai eu lieu d'en être convaincu par tout ce qu'elle a fait pour moi et pour la conservation de mes jours. A notre mariage succédèrent bientôt trois enfans, dont l'un mort en nourrice. Malgré nos peu de moyens, mon épouse ne pouvant nourrir, nous mimes nos enfants en nourrice, ce qui ébréchait beaucoup nos moyens ou plutôt les rendait insuffisans, joint à cela les dépenses indispensables de mon mariage et les dettes que j'avais contractées, mais que j'avais payées en grande partie à la mort de mon père.

Cependant mon frère mourut, et sa mort parut m'assurer la propriété future non seulement des biens de ma mère, mais encore de ceux de ma tante Combret, de ma cousine Verdolin, veuve Jaffre, et de la substitution en faveur de la famille faite par feu Verdolin, mon cousin. Mais il était dans les destins que je devais acheter ces successions, partie par l'argent. partie par les peines, les tribulations et les craintes.

. . . . (1).

A peine goûtais-je les douceurs de la vie privée qu'il plût à M. le Préfet de me nommer à une place de conseiller à la commune. Mes ennemis, et surtout le sieur Nugues, qui était alors maire de la campagne, parurent alarmés de cette nomi-

---

(1) Suit le récit des difficultés qu'il eût à surmonter pour entrer en possession d'une partie de ces héritages, notamment de celui de sa tante Combret, vieille femme, faible d'esprit, mais ayant quelque argent qu'essayaient d'accaparer servante, amis, curé et jeune épouseur de 18 ans !

Verdolin raconte ensuite ses procès avec Nugues aîné, son associé dans la ferme de la dîme de Saint-Côme et son adversaire politique le plus déterminé; avec la dame de Clairefontaine ; avec Florans, juge au tribunal du district de Tonneins, puis il conclut :

« O vous, mes chers enfans, pour qui seuls j'écris ma vie, gardez-vous autant que possible d'avoir des affaires et des procès avec des fripons reconnus, avec des intriguans, avec des personnes plus riches que vous, parce qu'il est à

nation ; mais comme je ne voulais pas établir une nouvelle lutte avec ces éternels ennemis de l'ordre et de la justice, je répondis à M. Pieyre, lors préfet, en lui donnant une démission motivée et le priant, s'il le jugeait à propos, de nommer mon fils à cette place, ce qui fut fait.

. . . . (1).

Je me proposais de vivre tranquille au sein de ma famille, mais mes principaux ennemis, au nombre desquels je dois classer les Nugues, les Lacroix, Duburgua, Carrion, Cabannes et autres subalternes, soit crainte qu'on ne me donnât ou que je ne sollicitasse des places, soit le désir de me tracasser, s'intriguèrent en tous sens pour me faire perdre la confiance du peuple qui, rendant justice à mes principes, venait me consulter sur les affaires d'intérêt et litigieuses. Ils persuadèrent aux acquéreurs de domaines nationaux que j'étais leur ennemi ; à ceux qui avaient pris part aux horreurs de la Révolution, que je provoquais la vengeance ; aux faibles qui s'étaient réunis à moi au commencement de la Révolution que j'avais déserté leur cause et que j'avais vendu ma personne et les pièces que j'avais eues en mains à nos adversaires ; à ceux-ci, que j'étais un royaliste effréné ; à ceux-là, que j'étais un bonapartiste caché et déguisé ; en un mot, que j'étais un homme équivoque et très dangereux.

Il n'en fallut pas davantage pour que les gens timides et honnêtes n'osassent pour ainsi dire plus me fréquenter et que

---

craindre que la balance des lois et de la justice sera dans des mains à gages ou qui auront marqué dans la Révolution. L'homme honnête, probe et juste sera toujours sacrifié aux intérêts du malhonnête et de l'injuste qui convoitera votre bien et voudra vous attaquer. D'après ce que je viens de dire que tous les révolutionnaires mes ennemis triomphaient de mes malheurs, qu'ils cherchèrent à provoquer l'opinion publique contre moi en me représentant aux yeux de quelques sots honnêtes comme un homme de mauvaise foi et un tracassier. Mais moi, fier de mon honneur, de ma probité et de ma justice, je ne cherchai jamais à justifier ma conduite et mes principes. Puisse le temps corriger les uns et dessiller les autres ! »

(1) Suivent quelques observations sur les mariages de sa fille avec Villette et de son fils avec la demoiselle Carmentran, mariages auxquels il « ne participa que par son contentement » et qui ne paraissent pas lui avoir causé le moindre plaisir.

je ne fusse livré à la rage et aux entreprises de tous les partis
et, en effet, au moment où les troupes étrangères entrèrent
sur le territoire français et où nos troupes se permettaient dans
l'intérieur, et surtout à Aiguillon, toutes espèces d'horreurs et
où la ville était menacée par les plus grands malheurs par la
réunion des soldats qu'on y avait entassés, les réquisitions de
toute espèce pesèrent sur moi ; j'eus continuellement et sans
relâche des officiers et des soldats à loger et à nourrir, et cela,
par la méchanceté de la nouvelle municipalité bonapartiste qui
venait de se former elle-même et qui était composée de
Nugues fils pour maire, Lacroix et Lagarde, adjoints, et
Cabannes pour secrétaire, tous mes ennemis déclarés. J'appris
et il était notoirement connu qu'à Aiguillon, comme dans quelques autres villes du département, les bonapartistes avaient
fait une liste de proscriptions dans laquelle je remplissais un
rang distingué et dont l'exécution devait être confiée aux soldats. Il fallait craindre, mais taire et déguiser mes craintes à
mon épouse qui en serait morte, si elle eut su ou connu le danger qui me menaçait. Je restais en ville pour épier tout ce
qui se passait, mais au moindre trouble dans la ville, je montais à cheval et me rendais à la campagne avec mon épouse. Je
fis ce manège pendant plusieurs jours, jusques à ce qu'enfin le
Roi étant rentré en France, l'ancienne municipalité ayant été
rétablie et des souscriptions ayant été ouvertes pour donner
des secours au Roi en hommes et en argent, je souscrivis pour
50 francs et j'engageai mon fils et mon gendre à souscrire pour
partie.

Ceux qui, dans la suite, liront cette faible esquisse des craintes, des dangers et des malheurs auxquels les gens honnêtes
d'Aiguillon, et surtout moi, avons été en proie, auront de la
peine à croire qu'il se soit trouvé des concitoyens assez
méchans et assez pervers pour remettre leur vengeance dans
des mains aussi terribles et aussi dangereuses qu'étaient les
soldats à cette époque. Je dois cependant dire ici que si de
plus grands malheurs n'ont pas à cette époque affligé la ville
d'Aiguillon, on en doit l'obligation à la sagesse et au désinté-
ressement de M. Merle-Saint-Germain et de son épouse, qui

constamment voulurent loger et nourrir non seulement les
chefs des divers corps de troupe qui passaient ou séjournaient
à Aiguillon, mais encore tous les officiers qui voulaient aller
et manger chez lui, et qui empêchèrent par ce moyen les
malintentionnés de pouvoir faire exécuter leur projets par les
soldats qui étaient contenus par leurs chefs.

Lorsque les Bourbons furent enfin rétablis sur le trône, je
mêlai ma joie à celle des honnêtes gens. J'eus l'honneur de
recevoir, je ne sais par quel canal, la décoration du lis (1) et
imaginant que la justice reviendrait avec les Bourbons, je crus
pouvoir et désirer la prévenir en établissant en faveur de la
fabrique d'Aiguillon une rente constituée sous l'intérêt légal
au principal de 1.000 francs à raison d'environ cinq cartonnats de biens, presque devant ma porte du péage, que ma mère
avait acquis de la nation... Comme cet acte avait été fait et
consenti immédiatement après la première rentrée du Roi,
mes ennemis en prirent prétexte, lors de la rentrée de Bonaparte, pour me dénoncer comme provoquant par là la remise
des biens nationaux, ce qui engagea le Ministre de l'Intérieur
d'écrire au sieur Turpin, lors maire d'Aiguillon, pour avoir
des renseignemens sur ma moralité, mes principes et mes
opinions au sujet de cet acte ; mais, heureusement pour moi
sans doute, à peine la réponse était à Paris, que déjà le roi
était remonté sur le trône.

. . . . (2).

Je dirai qu'à l'ombre des lis je restai quelque temps tranquille, recherchant l'amitié des gens honnêtes, craignant et
fuyant les méchans que, cependant, je ne provoquais jamais ni
par mes propos, ni par mes actions, fuyant, refusant même
les places qui m'étaient proposées, notamment celle de membre du Conseil de la commune, à laquelle je fis nommer mon
fils à ma place, avec recommandation, à raison de son inexpé-

---

(1) Ordre établi par la Restauration. Le signe distinctif était une fleur de lis
en argent, surmontée d'une couronne également d'argent ; ruban blanc.

(2) Verdolin raconte ici les difficultés et les ennuis que lui causa son rôle
d'arbitre dans un litige Ranse-Cabannes à propos d'un fossé.

rience, de me communiquer tout ce qui lui serait proposé pour le tenir en garde contre l'astuce et les projets de Cabanes qui, en raison de sa criminelle animosité contre le vertueux M. Merle, en surprenant sa signature, l'aurait exposé à des peines afflictives, si M. Pieyre, préfet du département, ne l'avait engagé à donner sa démission de maire, et qui depuis avait compromis M. Saint-Germain, maire, par la signature dans un rôle de la contribution mobilière, et, qui, à raison de ce, fut obligé de donner sa démission de maire pour éviter les poursuites et les condamnations qui auraient pu être prononcées contre lui.

Je laisse à l'histoire [le soin] de décrire les discussions politiques qui s'agitèrent du temps de Bonaparte et de la rentrée des Bourbons. Je me bornerai à dire que j'ai toujours été et serai toujours bon, fidèle et loyal patriote, c'est-à-dire qu'en 1789 et avant, j'ai été patriote, que je l'ai été à la première législature; que j'ai détesté la Convention; que j'ai eu quelque espèce de tranquillité dans la république qui a été sans républicains, que j'ai vu que le Consulat ne pouvait se soutenir pour former des républicains; que Bonaparte, qui s'était déclaré unique consul à vie et puis empereur, m'avait donné l'espoir qu'il ne s'était fait arroger cette place que dans le dessein de rappeler les Bourbons et de leur remettre leurs droits légitimes — ce qui l'aurait grandement honoré — ; que déçu de cette espérance et voyant qu'il ne travaillait que pour lui, je désertais son gouvernement auquel cependant j'obéissais pour ne pas me compromettre, attendu que je le trouvais tyran et despote.

Me voici enfin parvenu à l'âge de quatre-vingt ans. Je me bornerai à dire que dans ma vie privée, j'ai toujours été guidé par les sentimens d'honneur, de probité et de justice (1.)

.   .   .   .

Fini à Aiguillon, le 25 août 1828.

VERDOLIN.

---

(1) Nous supprimons ici un paragraphe, sans intérêt, relatif aux démêlés qu'il eût avec ses enfants.

Séance extraordinaire du Directoire du district de Tonneins ; le 19 mars 1793, l'an 2 de la République, à 7 heures du matin (1).

« Le Directoire étant composé des citoyens Crebessac, Harmand, Farcit, Girodeau, administrateurs ; Verdolin, procureur-syndic, assemblé à sept heures du matin dans les lieux des séances du Tribunal, avec le conseil général de la commune, les membres du Tribunal, les juges de paix, les chefs de la garde nationale, la séance publique a été ouverte par la lecture de la lettre [écrite] au directoire de Lot-et-Garonne par le citoyen J. B. D. Mazade, l'un des trois commissaires de la Convention Nationale chargés de l'inspection des côtes de la République depuis Lorient jusqu'à Bayonne au sujet de la révolte qui vient de se manifester dans les deux départemens de la Loire-Inférieure et de la Vendée, et de l'arrêté du directoire du département du 17 mars courant relatif à la levée d'une force départementale et à des mesures de sûreté publique.

« Après cette lecture, le citoyen procureur-syndic a dit :

« Citoyens !

« Il n'est que trop vrai que les ennemis de la chose publique, enhardis par l'impunité de leurs forfaits contre les droits de l'homme, viennent de déclarer une guerre à mort, la guerre civile dans les deux départemens de la Loire-Inférieure et de la Vendée. Qui de vous ne frémit pas d'horreur et de rage en voyant que des hommes pervers et méchans, désespérés de se voir assimilés aux autres hommes par la suppression de leurs prétendus titres et de leur orgueil, plongent peut-être dans ce moment le poignard dans le sein de nos amis, de nos frères, de

---

(1) Voir plus haut, page 65, note 5.

leurs vieillards, leurs femmes et leurs enfans ! Qui de nous,
convaincu qu'il n'est pas de ville, de bourg et de hameau
dans ce département où il n'existe des monstres conspirateurs
qui ont juré notre perte et, peut-être et sans doute, en correspondance de trame et de trahison avec ceux de la Loire-Inférieure et de la Vendée, ne craint pas d'éprouver le même sort !

« Citoyens, le toscin du malheur et de la mort sonne sur nos
têtes ! Il n'est plus temps de se dissimuler. Levons-nous tous,
restons debout, sauvons la patrie, il en est temps encore ! que
tous nos ennemis périssent ! Que dis-je, serions-nous les bour-
reaux de ces êtres vils et infâmes, nos mains ne seraient-elles
pas souillées de leur sang impur ? Ce serait une lâcheté de
notre part que de donner la mort à des conspirateurs sans
force, non, citoyens, l'idée seule d'un tel projet déshonorerait
les hommes de ce district ! Qu'ils vivent plutôt ces monstres
s'il en existe, qu'ils vivent et que de leurs cavernes solitaires
ils voyent que les vrais républicains n'emploient la force que
contre les ennemis armés de la République et qu'ils savent
déjouer par leur maintien imposant les conjurations des ennemis de l'intérieur.

« Je n'entends cependant pas, citoyens, qu'une trop grande
sécurité ne nous assoupisse sur les trames et les manœuvres
que peuvent ourdir nos ennemis, nous devons au contraire
user de la surveillance la plus active pour éclairer et déjouer
tous les complots. Que chacun de nous reste à son poste. Vous,
administrateurs, rappelez-vous que vous êtes le point central
de l'action et de la réaction des municipalités et de la garde
nationale de ce district, que votre surveillance doit être
active et permanente. Vous, officiers municipaux, rappelez-
vous que ce n'est que par vos yeux que le Directoire doit voir,
que c'est vous qui devez exercer dans vos communes respec-
tives la plus grande surveillance dirigée par la justice et par
la prudence, qu'avant de dénoncer et faire arrêter un ennemi
de la chose publique, vous devez avoir contre lui des preuves
légales ou du moins de très fortes présomptions. Vous, juges
du tribunal du district et de paix, rappelez-vous que c'est à
vous qu'il est réservé de prononcer sur les délits qui vous

seront dénoncés et qu'une indulgence que la loi réprouve est très dangereuse dans un temps de crise pour la tranquillité du territoire de ce district.

« Vous, gardes-nationales, rappelez-vous que la force armée est essentiellement obéissante, que vous devez déférer aux réquisitions qui vous seront faites légalement et que l'arbitraire ne peut prendre la place de la loi ; en un mot, qui que soyez, unissons-nous tous pour exercer une surveillance commune et la tranquillité de ce district ne sera pas compromise. Ce n'est pas tout encore, citoyens, le département vous demande 274 hommes qui seront à la disposition du commissaire de la Convention pour être envoyés comme auxiliaires des patriotes dans le département de la Vendée et de la Loire-Inférieure. Je ne proposerai ici ni le sort, ni la désignation pour cette levée, ce serait trop mal augurer de patriotisme de nos concitoyens pour oser soupçonner qu'au premier signal ils ne partissent pas tous, s'il le fallait, pour aller défendre la chose publique, et, avec elle, nos frères des départemens menacés. Cependant, comme nous ne pouvons pas nous dissimuler que, soit insouciance soit léthargie produite par le chant des sirènes de l'ancien régime, le patriotisme de plusieurs de nos concitoyens ne se soit beaucoup refroidi, il faut nécessairement le réchauffer et sortir ces citoyens de l'engourdissement dangereux où ils se trouvent plongés.

« En conséquence je requiers que sans désemparer il soit pris un arrêté dans lequel il sera dit que vous avez cru devoir vous entourer des lumières des corps administratifs de ce district pour se concerter avec lui sur les moyens les plus prompts d'exécution de l'arrêté du département et qu'à cet effet toute la garde-nationale de ce district soit mise en état de réquisition permanente ; que toutes les municipalités soient rappelées à l'exercice de la plus grande surveillance à l'égard des malintentionnés et que, si les circonstances exigeaient qu'elles fussent forcées d'en venir au désarmement des hommes suspects ou prétendus tels, ce désarmement ne peut avoir lieu qu'après une délibération du Conseil général de la commune ; qu'en outre, dès l'instant que l'arrêté sera parvenu aux municipalités,

elles fassent battre la générale pour avertir les citoyens du danger
de la patrie et assembler pour le lendemain leurs gardes-natio-
naux et les exhorter à fournir volontairement le contingent qui
leur sera attribué par votre arrêté, de fournir de suite les armes
de guerre qui pourront être dans leurs communes, pour les
dites armes, portées dans la maison d'administration, être
payées à dire d'experts à ceux qui en désireront le payement,
et attendu qu'il y a déjà un certain nombre de fusils pour être
distribués aux volontaires déjà enrôlés et que l'armement de
ces derniers ne parait pas être aussi urgent, je requiers que
ces armes soient distribuées à ceux qui vont voler à la défense
des patriotes de la Vendée et de la Loire Inférieure

« Les membres composant l'assemblée se sont empressés à
l'envi de donner des témoignages de leur dévouement pour la
chose publique et cet exemple a été suivi par le grand nombre
des citoyens présens à cette séance. »

CORRECTIONS ET ADDITIONS

Page 1. — Au lieu de : *les circonstances les avaient fait prudents*, lire : *les circonstances les avaient faits prudents*.

Page 8. — *Thermidor* au lieu de *termidor*.

Page 16. — La note que nous avons publiée sur l'abbé Barrier ne s'applique pas entièrement au prêtre qui officiait chez les demoiselles de Massac. Il y eut trois curés Barrier à l'époque révolutionnaire. Celui dont parle Verdolin est Louis Barrier, né à Aiguillon vers 1717, ancien chapelain de cette ville. Le 12 mars 1789, il participa à l'élection des députés aux Etats-Généraux comme fondé de pouvoirs du curé de Saint-Hilaire d'Agen, l'abbé Argenton. Insermenté, il finit par être mis en état d'arrestation (23 floréal an II). Des commissaires se rendirent chez lui le 1er prairial suivant (1794) pour voir si on pouvait le transporter à Agen. Le transfèrement fut décidé et l'abbé Barrier fut reclus à Paulin, puis autorisé à regagner son domicile d'Aiguillon, pour cause de maladie. Il ne fut définitivement libéré qu'en janvier 1799. Il mourut peu de temps après la Révolution. (Note de M. Dubos.)

Page 38. — L'abbé Mantor aurait prêté les deux serments, celui d'adhésion à la Constitution civile du clergé et celui de Liberté et d'Egalité. Il n'exerça aucune fonction ecclésiastique à Auch, Toulouse, Cahors et Condom, mais reçut seulement dans ces villes les ordres mineurs et majeurs.

Page 53. — Au lieu de *1792*, lire *1793*.

TABLE DES MATIÈRES
DES MÉMOIRES DE VERDOLIN

CHAPITRE IV. — LA TERREUR (1793-1794).

CHAPITRE V. — APRÈS LA TERREUR (1794-1801).

APPENDICES

« MA VIE PRIVÉE »

CORRECTIONS ET ADDITIONS
Page 129

PLANCHES HORS TEXTE

1° Aiguillon à la fin du xviiiᵉ siècle.
2° Le dernier duc d'Aiguillon, député aux Etat-Généraux.
3° Brunet-Latuque, contituant.
4° Ysabeau, conventionnel en mission dans le Lot-et-Garonne.
5° Paganel, conventionnel lot-et-garonnais.
6° Baudot, conventionnel en mission dans le Lot-et-Garonne.
7° Garrau, conventionnel en mission dans le Lot-et-Garonne.

TABLE ALPHABÉTIQUE

DES NOMS DE LIEUX ET DE PERSONNES [1]

D

Daguzan. membre du comité de surveillance de Tonneins. 93 n. 1.

Dallet (Bernard), aubergiste d'Aiguillon, 15 et n. 3, 28 n. 1.

Dalliés, notable de Tonneins, 56 n. 1.

Damazan (Lot-et-Garonne). 95, 97 n. 2.

Darbissan. détenu à Nérac, 89.

Dartigoeyt, conventionnel en mission, 86 n. 3.

David, procureur syndic de Casteljaloux, 75.

Davis de Pontenay, conseiller au Parlement de Bordeaux, 92 n. 3.

Dayre. membre du comité permanent d'Aiguillon, 28 n. 1.

Dayre (veuve), d'Aiguillon, 87.

Delage, contrôleur des postes, 72 n. 1.

Delbourg. 112 n. 1.

Delmas (Françoise), détenue à Tonneins. 98 n. 5.

Delpech. maire de Laffite, 52 n.

Delsuc, gendarme de Tonneins, 93 n. 1.

Depère, membre du directoire du département, 36 n. 1. 37 n. 1.

Dergny, ingénieur en chef du département, 29 n. 2, 64 n. 1.

Desclaux, membre du bureau de conciliation de Tonneins, 52 n., 98 n. 5.

Despagne. détenu à Tonneins. 98 n. 5.

Diché, secrétaire en chef de l'administration départementale, 3, 85, 92 et n. 1, 93.

Doazan (Abbé). 49 et 49 n. 3.

Dominipech (Lot-et-Garonne), 105 n. 1.

Dorgouilloux, détenu à Tonneins, 98 n. 5.

Drovard (François), jardinier du duc d'Aiguillon, 18 n. 1.

Du Barry (Madame), 17 n. 2.

Dubernet, bourgeois d'Aiguillon, 19.

Dubois, curé constitutionnel d'Aiguillon, 27, 42, 42 n. 2, 43, 44, 47, 98 n. 3.

Dubois. pasteur, maire de Tonneins, juge de paix, etc.. 6, 51 n. 4, 52 n., 53, 54 et n. 2, 55, 58, 59, 73, 73 n. 1, 74, 74 n. 1. 75, 82.

Dubos (Abbé), cité *passim*.

Dubosc, juge au district de Tonneins, 52 n.

Dubouil, d'Aiguillon, 50, 51, 86, 90, 93, 111 n. 1.

Duburgua, chirurgien d'Aiguillon, 13, 15, 15 n. 1, 22, 23, 24, 32, 33 n. 1, 109, 109 n. 1, 109 n. 2, 110 n. 2. 111 n. 1, 118, 120.

Duburgua (Charles), 15 n. 1.

Duburgua (Justin), 15 n. 1.

Ducasse, détenu à Tonneins, 98 n. 5.

Dulau, d'Aiguillon, 14 et n. 2, 111 n. 1.

Duluc, notaire. 13 n. 2.

Dumas, notable de Tonneins, 56 n. 1.

Dunau, d'Aiguillon, 111 n. 1.

Duneau, d'Aiguillon, 38.

Duniagon, membre du comité de surveillance de Nérac, 91.

Duniagon. suppléant à la Convention, 51 n. 1.

Dupin, administrateur du département, 95 et n. 2

Duportal (Abbé), 43 et n. 2.

Dupouy, officier municipal de Tonneins, 56 n. 1, 62 n. 1.

Dupré-Pommarède, exécuté révolutionnairement à Bordeaux, 8, 97 et n. 1.

Durand, membre du directoire du département, 51 n. 2, 54 n. 3, 55 n. 3, 64, 64 n. 3, 65 et n. 1.

Duras (Lot-et-Garonne), 114 n. 1.

Durengues, érudit agenais, cité *passim*.

Dutour, administrateur du département, 36 n. 1, 38 n. 2.

Duvigneau, détenu à Nérac, 88.

E

Escouloubre (Hôtel d'), à Agen, 29 n. 2.

Escourre Pdeéluzat, député aux Etats généraux, 101 n. 1.

Espagne, 49 n. 2 et 3, 67 n. 2.

F

Fabre-Dumoustier, directeur d'un pensionnat à Aiguillon, 114 n. 1.

Fabre, d'Aiguillon, 32, 33 et n. 1.

Fallières (Oswald), éditeur de Labrunie, 2 n. 1.

Farcit, membre du directoire du district de Tonneins, 52 n., 55 n. 1,

62, 68 et n. 1, 69, 77, 79, 82, 102 n. 2. 109, 124.

Fauché, de Tonneins, 57 n. 2, 66 n. 2.

Fauguerolles (Lot-et-Garonne), 15 n. 5.

Fernande (Dame), d'Aiguillon, 41, 45 n. 1.

Ferrussac (Archiprêté de), 15 n. 5.

Filhastre, administrateur du département, 66 n. 4, 76 n. 2.

Flamarens (Marquis de), 6, 59 n. 1.

Florans, d'Aiguillon, 28 n. 1, 38 n. 2, 52 n.

Florans, de Tonneins, 63 n. 4.

Florans, cordonnier d'Aiguillon, 66, 66 n. 1.

Florans, juge au tribunal de district de Tonneins, 119 n. 1.

Fongrave (Lot-et-Garonne), 47 n. 2.

Fournel, conventionnel Lot-et-Garonnais, 51 n. 1, 62 n. 2.

Frézal, de Tonneins, 83 n. 1.

Frusquet, détenu à Tonneins, 98 n. 5.

Fumel-Monségur (Marquis de), député aux Etats-généraux de 1789, 29 n. 1.

G

Galapian (Lot-et-Garonne), 63 n. 4, 105 n. 1.

Galup, de Tonneins, 59 n. 2, 80 n. 2.

Gardelle (Abbé Pierre), 43 et n. 6, 44, 45, 45 n. 1, 46, 47, 49, 50.

Garonne (Rivière de), 13 n. 1, 61.

Garrau, représentant du peuple en mission, 53, 67, 67 n. 2 et 3, 68.

Garreau (Hôtel), à Agen, 29 n. 2.

Garrigue, avocat d'Aiguillon, 20 et n. 2, 21, 28 n. 1, 34, 39, 39 n. 2.

Garrou, lieu dit d'Aiguillon, 117.

Gasquet, d'Aiguillon, 28 n. 1.

Gauduque, (Jeanne), mère de Verdolin, 3 n. 3.

Gaulejac (De) 106, 106 n. 4.

Geneste, membre du conseil du district de Tonneins, 52 n.

Géraud, détenu à Tonneins, 98 n 5.

Gervin (Dame), détenue à Tonneins, 98 n. 5.

Gimat, de Port-Sainte-Marie, 88.

Girodeau, administrateur du district de Tonneins, 52 n., 55 n. 1, 56 n. 1, 62, 79, 82, 101, 124.

Gironde, administrateur du département. 95 n. 2.

Gironde (Département de la), 99 n. 1.

Girou (Mme), de Tonneins, 62 n. 5, 82 n. 1.

Girou, secrétaire du district de Tonneins, mari de la précédente, 55 n. 1, 62, 62 n. 5, 63 n. 4, 76 n. 2, 83 n. 1.

Gondes, détenu à Tonneins, 98, 98 n. 5, 99.

Gontaud (Lot-et-Garonne), 43 n. 1, 63 n. 4.

Goutières (Jean), membre du comité permanent d'Aiguillon, 28 n. 1.

Gouts (Lot-et-Garonne), 47 n. 1.

Granges (Lot-et-Garonne), 98 n. 3.

Grenier, aubergiste à Aiguillon, 87.

Grimard, notaire, maire et conseiller général d'Aiguillon, 13 n. 2.

Gripière-Moncroc (De), 47 et n. 3, 48 et n. 1.

Groussas (Nicolas), chef de cuisine au château d'Aiguillon, 18 n. 1.

Guichard, de Tonneins, 59 n. 2, 80 n. 2.

Guinodie, historiographe de La Réole, 67 n. 2.

Guyet-Laprade, conventionnel Lot-et-Garonnais, 51 n. 1. 61 n. 2.

H

Hambourg (Allemagne), 30 n. 1.

Harmand, juge de paix de Lacépède (Lot-et-Garonne), membre du directoire du district de Tonneins, 52 n, 55 n. 1, 62, 62 n. 4, 63 n. 4, 67 n. 3, 68 n. 1, 79, 82, 83 n. 1, 124.

Hautefage (Lot-et-Garonne), 47 n. 1.

Hébert, révolutionnaire de Paris, 5, 60 n. 1.

Héliogabale, empereur romain, 6, 80 n. 2.

I

Isaac (Le prophète), 80 n. 2.

Ismaël, 89 n. 2.

J

Jacoupy, évêque d'Agen, 43 n. 6.

Jaffre (Demoiselle Verdolin, veuve), 119.

Salvandy, procureur ducal d'Aiguillon, 32 n.

Samazeuilh, érudit néracais, 91 n. 1, 92 n. 2.

Sarradète, femme d'Aiguillon, 44, 48.

Savoie (Honorat de), comte de Villars, 40 n. 1.

Sécheyron (Abbé), 98, 98 n. 5.

Ségalas (Lot-et-Garonne), 13 n. 2.

Seine-et-Oise, 92 n. 3.

Sembauzel, procureur général syndic, 3, 66 n. 3, 85, 92 et n. 2, 93, 95, 95 n. 2, 112 n. 1.

Seré-Lanauze, commissaire national près le tribunal de Tonneins, 52 n.

Serret, membre de la Société académique d'Agen, 14 n.

Soufflot, architecte du Panthéon, 29 n. 1 et 2.

Souilhagon, officier municipal de Tonneins, 56 n. 1.

Soulié (Françoise), d'Aiguillon, 44.

Soulié (Mathieu), curé d'Arpens, 48 et n. 2, 49.

Suisse, 30 n. 1.

T

Tallien, conventionnel en mission, 66 n. 3, 4 et 5, 86 n. 3, 92, 92 n. 2 et 3, 93 n. 1, 94, 95 n. 1 et 2.

Tallien (Madame), femme du précédent, 92 n. 3.

Tapol, membre du conseil du district de Tonneins, 52 n.

Taverne, aubergiste à Nérac, 85, 88 et n. 1 et 2, 91, 95.

Taverne (Madame), femme du précédent, 92.

Tholin (Georges), archiviste de Lot-et-Garonne, cité *passim*.

Thomasson, directeur des domaines nationaux à Agen, 65 et n. 4.

Tombebœuf (Lot-et-Garonne), 47 n. 1.

Tonneins (Lot-et-Garonne), ou Tonneins-La-Montagne, 5, 6, 7 et n. 2, 8, 9, 10, 14 n., 27, 31 et n. 3, 36 et n. 1, 38, 41, 44, 45 n. 1, 51 et n. 4, 53 et n. 1, 54 et n. 1, 2 et 3, 55 et n. 1 et 3, 56 et n. 1, 57 et n. 1 et 2, 58 et n. 1, 59 n. 1, 60 n. 1, 61, 61 n. 1, 2 et 3, 62, 62 n. 1 et 5, 63, 63 n. 2 et 4, 64 n. 1 et 3, 65, 65 n. 5, 66, 66 n. 2, 4 et 5, 67, 67 n. 3 et 4, 68 et n. 1, 69, 70, 71, 71 n. 1, 2 et 3, 72 n., 73 et n. 1, 74 n. 1, 75 et n. 2, 76 et n. 2, 77, 78, 78 n. 1 et 2, 79, 79 n. 1 et 2, 80 et n. 1 et 2, 82, 82 n. 1 et 2, 83, 85, 86, 86 n. 3, 89 et n. 1, 93 et n. 1, 94 et n. 2, 96, 97, 98 et n. 1, 2, 3 et 5, 99 et n. 1, 101 n. 2, 102 n. 1, 108, 112 n. 1, 111 n. 1.

Toulouse (Haute-Garonne), 13 n. 1, 38 n. 1, 47 n. 2, 53, 75 n. 2, 78 et n. 2, 79, 79 n. 1 et 2, 85, 86 n. 3, 99, 114 n. 1.

Tours (Indre-et-Loire), 79 n. 3.

Trenqueléon (Adélaïde de), fondatrice des Filles de Marie, à Agen, 19 n. 2.

Trenqueléon (Charles de Batz de), 88 et n. 3.

Turpin, médecin à Aiguillon, 32 n., 51 n. 2, 61, 112.

U

Usson de Bonnac (D'), évêque d'Agen, 29 n. 1, 107 n. 2.

V

Vabres (Diocèse de), 19 n. 2.

Valence-d'Agen, 31 n. 3, 51 n. 1.

Valentin, notable de Tonneins, 56 n. 1.

Varsovie (Pologne), 67 n. 2.

Vendée, 65 et n. 5, 66 n. 4, 78 n. 1, 99, 124, 125, 126, 127.

Venés, membre du tribunal du district de Tonneins, 52, 78 et n. 2, 79, 79 n. 1 et 2.

Verdegas (Lot-et-Garonne), 43 n. 4.

Verdolin (Pierre), auteur des *Mémoires*, 2, 3, 4, 5, 6, 7, 8, 9, 10 et n. 1, 11, 13, 14 n. 2 et 3, 16 n. 1, 17 n. 1, 18 n. 1 et 2, 19 n. 1, 21 n. 1, 22 n. 1, 27, 28 n. 1, 2, 3, 31 n. 1 et 5, 32 et n., 33 n. 1 et 2, 35 et n. 1, 36 n. 1, 37 n. 1, 38 n. 2, 40 n. 1, 43 n. 1, 44 et n. 1, 46 n. 2, 49 n. 1, 50, 51 n. 1, 2, 4, 52 n., 53, 54 n. 1, 2, 3, 55 n. 1, 56 n. 1, 57 n. 2, 58 n. 1 et 2, 59 n. 1, 61, n. 2, 62 n. 1, 2, 4 et 5, 63 et n. 1 et 4, 64 n. 4, 65 n. 5, 67 n. 3, 68 n. 1, 70 n. 1 et 2, 71 n. 1, 72 n. 1, 73 n. 1, 76 n. 1, 78 n. 1 et 2, 80 n. 2, 85, 88 n. 1, 90, 93 n. 1, 94 n. 1, 99 et 99 n. 1,